图说海洋

世界上最美的100个海港

郑亭亭◎主编

海洋出版社

2020年·北京

图书在版编目(CIP)数据

世界上最美的100个海港/郑亭亭主编. —北京：海洋出版社，2017.2

（图说海洋）

ISBN 978-7-5027-9622-8

Ⅰ.①世… Ⅱ.①郑… Ⅲ. ①海港－世界－普及读物 Ⅳ. ①U658.91-49

中国版本图书馆CIP数据核字（2016）第282615号

图说海洋

世界上最美的

100个海港

总 策 划：刘　斌

责任编辑：刘　斌

责任校对：肖新民

责任印制：赵麟苏

排　　版：申　彪

出版发行：海洋出版社

地　　址：北京市海淀区大慧寺路8号 (716房间)
100081

经　　销：新华书店

技术支持：(010) 62100055

发 行 部：(010) 62174379 (传真)　(010) 62132549
(010) 68038093 (邮购)　(010) 62100077

网　　址：www.oceanpress.com.cn

承　　印：北京朝阳印刷厂有限责任公司

版　　次：2020年1月第1版第2次印刷

开　　本：787mm × 1092mm　1/16

印　　张：14.5

字　　数：348千字

印　　数：1～5000册

定　　价：39.00元

本书如有印、装质量问题可与发行部调换

前 言

翻开人类漫长的生存史，人类与海洋总有着扯不断的联系。蓝色海洋中所隐藏的秘密，不亚于任何一个人类所创造的文明，而人类也在不断地探索、接近，用人类所能付出的所有力气，寻找着真相，而海港就是人类追逐海洋而走出的步伐。

综观世界上的著名港口，它们个个都有着得天独厚的地理优势，依托近海的深水航道，供海船出入，它们是各种交通工具转换的中心，是自古便形成的贸易集散地，还是人类文明交流的重要场所。了解海港，就是了解一个国家的历史变迁；探秘海港，便可从中了解一个城市的发展史。海港如同人类的生命，有着成长、兴盛、衰落的过程，看海港的岁月变迁，不亚于任何一幅历史画卷。

本书以 100 个知名的海港作为线索，从其历史文化、风景特色以及人文风俗等方面，尽笔者所能，用真实的照片，带领读者认识它们、了解它们。

本书由郑亭亭老师任主编，参与资料及图片整理的还有李志飞、徐卫国、赵红洁、魏铭志、杨树洪、孙源龙、宋林林、李进军、王惠明、孙晋华等。

目 录

亚洲篇

欧洲篇

美洲篇

非洲篇

大洋洲篇

Asia Articles

1 亚洲篇

[上海外滩的外国建筑]

极具诱惑的夜明珠

上海港

上海港，极具现代化而又不失中国传统民族特色，是一个让游客无法拒绝的国际著名港口。昔日的上海港烙印着“十里洋场”的繁华，讲述着旧上海滩的浮华旧梦。今日的上海港，则以其繁荣发达的航运业和旅游业，已成为一个综合性、多功能、现代化的大型主枢纽港，并跻身于世界大港之列。

上海港位于长江三角洲前缘，居我国18000千米大陆海岸线的中部，扼长江入海口，地处长江东西运输通道与海上南北运输通道的交汇点，是我国沿海的主要枢纽港、我国对外开放参与国际经济大循环的重要口岸。上海港港区拥有各类码头泊位1140个，其中万吨级以上泊位171个，码头线总长为91.6千米。

历史悠久，厚重的文化底蕴

自古以来，上海港就是我国对外交通和贸易往来的重要港口。早在公元746年的唐天宝年间，唐朝政府就在这控江襟海处设立镇治，即青龙镇；进入宋代后，青龙镇有“江南第一贸易港”的称号。

1840年鸦片战争后，英国迫使清政府签订《南京条约》，上海港于1843年11月17日被迫对外开放。1853年起，上海超过广州成为全国最大的外贸口岸。此后，经过半个多世纪的建设和发展，上海港已跻身世界著名海港前列。

唐宋两个朝代的繁荣盛世给上海港留下了深刻的文化烙印，至今依然可以窥见其旧日辉煌；上海博物馆馆藏珍贵文物12万件，其中尤以青铜器、陶瓷器、书法、绘画为特色。东西方多元的文化交流，促进了上海港的文化发展，让上海港集聚了多样风情。

上海地区流行的吴越文化，或是海派文化是汉文明的重要组成部分，也是江浙的地域文化。吴王阖闾都于姑苏，越王勾践都于会稽（相当于今江苏南部、上海西部、浙江大部以及福建地区）。早期吴越民众以尚武逞勇为风气，晋室南渡后士族文化的特质改变了吴越文化的审美取向，注入了“士族精神、书生气质”，开始成为中国文化中精致典雅的代表。

领略异样风姿，感受清爽的海风

上海港位于上海黄浦区，向来是上海的旅游热点。说到上海港附近景点，第一个不得不说的就是外滩。上海开埠后，西方殖民者在黄浦滩沿岸修筑马路，筑成黄浦滩路。西方侨民将其唤作“The Bund”，中国人译之“外滩”。外滩有着中外罕见的“万国建筑博览”，满足了人们渴望探索外国建筑文化的需求：在外白渡桥与吴淞路闸桥中可以领略“你站在桥上看风景，看风景的人在楼上看你”的雅趣；临近夜晚，乘着船，可以静静享受温柔的海风，观赏上海美丽的夜景。

集艺术、购物、美食于一体的人间天堂

豫园、上海美术馆以及上海大剧院是爱好艺术的游客的必游之地。豫园是全国重点文物保护单位，也是江南古典园林的瑰宝，被誉为“奇秀甲于东南”，蜚声中外。上海美术馆创建于1956年，是一所公益性社会文化事业机构，具有收藏美术精品、开展学术研究、举办陈列

[青龙镇港口旧照片]

上海洋山港如今成为世界级的航运贸易码头。然而，很多人并不知晓，洋山港的前身却是唐宋时期位于上海青浦的青龙镇。它是上海最早的对外贸易港口，最早的国际航运、贸易和经济中心；最早的海派文化源头和码头。青龙镇不仅是我国“海上丝绸之路”的首发地之一，更是郑和开辟海上丝绸之路，从青龙镇北面的太仓刘家港启程，七下西洋的孵化之地。

[上海外滩气象信号台]

上海外滩气象信号台是上海市外滩标志性建筑之一，列入全国重点保护的建筑物。1884 年，法国天主教会创建的徐家汇天文台，在“洋泾浜”外滩（今延安东路外滩）设立气象信号台，是上海仅有的两座阿塔努布式建筑之一，塔楼始建于 1907 年，距今已有 100 多年。它与上海开埠以来的历史进程是紧密相连的。

目前在长江口内已有吴淞口、长兴岛、横沙岛三处港口雷达站，分中心设在吴淞镇，整个系统中心设在陆家嘴通信导航大楼内，各雷达站的信息，通过微波链路传输到分中心显示和处理，分中心通过微波对各雷达站进行遥控，对监视范围内的灯浮、来往船舶进行监视；在黄浦江两岸还设有若干个信号台、监督站，配置巡逻艇，对来往船舶进行监视，维护水上交通安全。

展览、普及审美教育、促进中外文化艺术交流等职能。上海大剧院由法国夏邦杰建筑设计公司设计，整个建筑宛如音符串织而成的水晶宫殿。

至于购物以及美食天堂就不得不说南京路步行街了，南京东路步行街是上海的一条地标性马路，享有“中华第一街”的美誉。南京路步行街沿街有商业企业 65 家，营业面积逾 35 万平方米。这条经历了一个多世纪沧桑的大街，现已成为名副其实的“中华第一街”，也是来上海观光旅游的必到之处。

时尚的露天吧、抽象的雕塑会在街头抒情地伫立，在一种历史与现代的强烈对比中，年轻时尚群体与国际游客在这个老字号精品区都可以领略到南京路的独特魅力。包括众多 500 强企业在内的众多国际知名品牌先后入驻，使整个步行街的品位提升。除购买传统零售商品外，消费者还能在步行街的专门展厅预订汽车和商品房等大件商品，或到动感影院看电影。扬名全国的上海生煎、汤包、红烧肉、白斩鸡等都可以在这里慢慢享用，让游客们流连忘返。

此外，上海老街以及金陵路商业街也是不错的选择。

上海港充满着自由开放的气息，无论是浪漫的海港风景还是艺术的熏陶，对游客来说，都是莫大的诱惑。作为上海的重要经济来源之一，上海港又被称为夜明珠，寓意珍贵难得。如果你爱好历史、风景、购物或美食，那就不要再犹豫了，上海港可以一次满足你所有的愿望。

[青龙寺旧照片]

虽然青龙镇的辉煌已成为历史，然而，千年古刹青龙寺的香火依然缭绕，青龙塔古朴耸立的身躯，依然辐射出唐宋的盛大气息。出沪渎村至吴淞江，从青龙镇到上海县，从青龙港、上海港到洋山港，那都是一脉相承的。如今，对青龙镇的考古发掘，将唤醒人们的历史记忆，寻找上海港口的文化源头。

世界三大最美夜景之

维多利亚港

维多利亚港，被称为“中国最美八大海岸之一”，繁忙的渡海小轮穿梭于南北两岸之间，渔船、邮轮、观光船、万吨巨轮以及四处鸣放的汽笛声和眼前看到的，在耳边交织出一幅美妙的海上繁华景致。看着维多利亚港的日出，让人不禁感叹着这一令人心怡的美景；看着维多利亚港的夕阳依依不舍的落下天边，流云和对岸的高楼建筑都被染成了金色，海上船来船往，天空有直升机和鸥鸟齐飞，此情此景，让人心情淡然，平静安好。

维多利亚港的名字，来自英国的维多利亚女王。因被英国人看中，有成为东亚地区优良港口的潜力，后来从清政府手上夺得香港，发展其远东的海上贸易。维多利亚港一直影响香港的历史和文化，主导香港的经济和旅游业发展，是香港成为国际化大都市的关键之一。

维多利亚港是位于中国香港岛和九龙半岛之间的海港。拥有三个主要出入水道，是进入香港的门户，维多利亚港目前有 72 个供远洋轮船停靠的泊位，其中有 43 个可供长达 183 米的巨轮停泊。整个港区的码头和货物装卸区总长度近 7 千米，进出港的轮船停泊时间只需 10 小时左右，效率之高为世界各大港口之冠。一百多年来，维多利亚港的角色远远超越了一个普通的港口，因此而拥有“东方之珠”“世界三大夜景”之美誉。

幻彩咏香江

维多利亚港两岸的夜景是世界知名的观光点之一，由于香港岛和九龙半岛高楼大厦满布，入夜后万家灯火，相互辉映，香港的夜景因而与日本函馆和意大利那不勒斯并列“世界三大夜景”。为庆祝特别节日及吸引游客，维多利亚港上每年都会举行数次烟花表演。2004 年起香港旅游发展局在每晚均举办"幻彩咏香江"的激光射灯和音乐表演，有超过 40 座建筑物联手参与。2005 年 11 月 21 日，该表演成为"全球最大型灯光音乐汇演"被列入《吉尼斯世界纪录大全》。

人生 50 个必到的景点之一

香港有多种海上观光船，其中天星小轮最受欢迎。天星小轮主要往来中环、湾仔及尖沙咀等市区旅游点，也接驳不少其他交通工具，非常方便，收费低廉。游客

[天星小轮]

天星小轮是香港维多利亚港著名的拥有悠久历史的渡海交通工具。天星小轮是与香港电车、太平山山顶缆车齐名的拥有百年以上悠久历史的交通工具。20 世纪 70 年代以来，天星小轮虽然面对过海隧道巴士及地下铁路竞争，但仍凭其相对乘坐海底隧道巴士及跨海地铁更便宜的收费、无须受塞车影响及饱览维多利亚港海上风光的优势，每天吸引了超 7 万人次旅客乘搭往返香港岛和九龙半岛两岸。显得有些简陋落伍的天星小轮成为香港的市民难以舍弃的交通工具，每年创造了可观的盈利。

除了可以依靠天星小轮穿梭港岛和九龙外，也可在船上饱览维多利亚港两岸景色。天星小轮作为游览维多利亚港首选途径之一，曾被美国《国家地理杂志》列为"人生 50 个必到的景点"之一。

维多利亚港出口位于东西两边，在黎明和黄昏的时候均能在船上观看到日出和夕阳在海岸线上的景色。乘坐已有百年历史的天星小轮，一个繁荣璀璨的美丽海港

天星小轮的起源要追溯至 1880 年，一位外国人——波斯拜火教（祆教）教徒 Dorabujee Naorojee Mithaiwala 创办了天星小轮的前身："九龙渡海小轮公司"开展其载客渡轮服务。并以一艘名为"晓星"的蒸汽船来往尖沙咀与中环。天星小轮来往尖沙咀的航班会航行至晚上 11 时左右；而来往红磡的航班则只航行至晚上 7 时左右，在一些特别的节日如除夕，则经常会通宵服务。而遇上台风迫近香港时，亦会停航。

维多利亚港的名字，来自英国的维多利亚女王。她曾是英国历史上在位时间最长的君主（这一记录于 2015 年被伊丽莎白二世超越），在位长达 64 年（1837—1901 年），她在位期间是英国强盛的“日不落帝国”时期，英国的经济、文化空前繁荣。女王登基仅三年，英国便在 1840 年发动第一次鸦片战争，同年强迫清政府签订了不平等的中英《南京条约》。1841 年，英国占领香港岛。1860 年，第二次鸦片战争后，清政府与英国签署不平等条约《北京条约》，1861 年 1 月，英军占领九龙半岛，同年 4 月，将香港岛与九龙半岛之间的海港，以当时的女王名字命名为维多利亚港。

进入眼帘：熙来攘往的船艇，升降频密的航班，泊在港湾的国际邮轮，瑰丽壮观的会展新翼。

香港最高顶：太平山山顶

太平山山顶是游客热门的游览地方之一，香港的壮丽美景可尽收眼底，而晚上来到此地，从山上俯瞰世界著名的香港夜景，可感受香港动感之都的魅力。太平山山顶也是香港的主要旅游景点之一，每年吸引超过 600 万人次的市民和游客。早年太平山一带由于景观优美、

[太平山山顶缆车摩天台]

太平山山顶缆车是与香港电车、天星小轮齐名的拥有百年以上悠久历史的交通工具，来往于中环花园道和太平山顶，路轨依山势而建。太平山山顶缆车缓缓攀上 373 米高的陡斜山坡，路轨全长 1365 米，车程约 8 分钟。缆车最陡的角度达 27 度。太平山山顶缆车把交通和观光合二为一，旅客沿途能欣赏的景色，不论白天或晚上，都各有特色。

风高气爽，吸引不少英国人居住和发展，所以也留下不少历史建筑，如狮子亭。太平山山顶也是购物和娱乐的中心，有不少高级食肆。

太平山山顶早年就发展得很好，设立了香港最早通车的公共交通工具——山顶缆车，沿途可饱览维多利亚港美景。登上太平山最好的方法是乘坐山顶缆车，电缆轨道沿着陡峭的山坡直上山顶。缆车的靠站处在

凌霄阁的三楼，凌霄阁还有“时光漫游列车”、“信不信由你奇趣馆”、超动感影院及亚洲首间杜莎夫人蜡像馆等。

香港星光大道

香港星光大道是尖沙咀海滨长廊其中一个景点，2004年4月27日开幕，为表扬为香港电影事业作出过贡献的杰出人士（包括去世的和活着的）而建造，大道上有他们的手掌印，是香港的新旅游景点之一。当中有国际武打巨星李小龙的铜像，铜像高2米，按照电影《龙虎门》的造型而制成。

金紫荆广场

[金紫荆广场紫荆花雕塑]

金紫荆广场屹立的紫荆花乃镀金雕像，由中央政府送给香港作为特区政府成立的礼物，别具纪念价值，不少旅客专程到此游览。这朵金紫荆已成为香港重要的地标及旅游胜地之一。

金紫荆广场位于湾仔香港会议展览中心新翼人工岛上，三面被维多利亚港包围，在维多利亚港的中心位置，与对岸的尖沙咀对峙，是观景的好地方。金紫荆广场是为纪念中国对香港恢复行使主权而设，当时中央人民政府把一座金紫荆雕像赠送香港，并安放在当时新落成的会议展览中心新翼，面对海港的广场上，现已成为香港重要的旅游景点之一。金紫荆广场每日早上8时有升国旗仪式，在特别日子，如香港特别行政区成立纪念日，行政长官等政府官员会出席仪式，并由警察乐队奏国歌。

摄人心魄的维多利亚港美景，蓬勃发展的娱乐事业，使维多利亚港声名远播，让人心驰神往。

小众度假胜地

香港港

香港港是一个国际港口，拥有15个港区，不同于其他国际知名港口的极致繁华，香港港最迷人的地方在于其有浅滩伟岸；周边林立群山，有草坡茂林；不论从海边远眺或由千米的山巅俯瞰，均可见山水相连，风光如画。

繁华中的安静角落：塔门岛

塔门岛是香港的一个位于大滩海、大赤门及大鹏湾之间的岛屿。岛上设有一个天后庙，在大节日（如天后诞）时会有很多渔民到塔门上香祈求平安、顺风贵水，香火十分鼎盛。岛上有很多草地，是个一年四季都适合露营的地方，特别是在有星星的夜晚，第二天还可以看日出。适合想放松一下的独行侠也适合情侣或亲子游。

塔门古名“石塔之门”“佛塔之门”，当中的“门”指海峡，至于“塔”字，慢慢才演变成“塔门”一词。外国人却喜称此岛为Grass Island，中译“草洲”以形容其绿草如茵之貌。

优美的步行径：麦理浩径

香港的徒步设施十分完善，各种难度不同的徒步径遍布全港，并几乎全部配有休憩设施、烧烤场、露营地

[《喜剧之王》取景地——石澳]

《喜剧之王》是星辉海外有限公司出品的一部喜剧电影，由李力持、周星驰执导，周星驰、莫文蔚、张柏芝等主演。这部电影没有多少明显搞笑的对白和噱头，但是在这部电影里周星驰是真正地在演，同时在剧中出现多次的便是石澳的海滩及健康院等地。

香港港位于珠江口外东侧、九龙半岛之间，不仅拥有集装箱码头，而且还拥有石油、煤炭、水泥等专用码头，其港口费率在世界上属于最低的，这促进了香港港成为全球最繁忙和最高效率的国际集装箱港口之一，也是全球供应链上的主要枢纽港。目前有 80 多条国际班轮每周提供约 500 班集装箱班轮服务，连接香港港至世界各地 500 多个目的地。

世界港口发展大体经历三代：第一代港口主要是海运货物的装卸、仓储中心；第二代港口增加了工业、商业活动，成为具有使货物增值效应的服务中心；第三代港口适应国际经济、贸易、航运和物流发展的要求，逐步走向国际物流中心。但向第三代港口的转型已经开始。新加坡、中国香港等港口在第三代港口中走在了前列。

和坐标柱，走完香港最长也是最著名的麦里浩径一定是徒步爱好者们最为自豪的一件事吧。当然如果你并不是徒步控，可选择风景优美、难度又低的路段行走，从高处俯瞰不一样的香港，也不失为一件趣事。

安放愁绪的小岛：石澳

石澳，古称石凹，是香港岛南岸的半岛，包括石澳泳滩、石澳郊野公园和鹤咀。近来石澳人气颇高，每隔两三步，游客就会发现坐落其中的村落房舍与高级别墅。此处的自然景观十分雄伟，除了有美丽的海滩、一座通往东岸的花岗岩入口，还有令人心旷神怡的山脊小路。龙脊是一条颇为刺激的山脊小路，沿途的海洋与群山美景皆可收入眼底。石澳泳滩位于香港岛东南部，泳滩水清沙幼，有救生员，邻近有食肆和烧烤场。所以，许多人会在假日到此畅泳、烧烤。另外，滩上的峭壁也是运动攀登的好地方。

若想两人享受一顿浪漫晚餐，也可到石澳村 452 号地下的黑羊餐厅法国餐厅，室内柔和的灯光及特色的装潢，足以营造浪漫气氛。其中的鸭肝伴雪利酒葡萄口感与鹅肝非常相似，加上雪利酒葡萄散发出浓郁酒香，一咬下去已经分不出是酒还是葡萄汁，非常可口，让人一吃难忘。石澳郊野公园是横越数个山头的最大型休憩园地，居民可在港岛径上郊游远足，增进认识大自然的机会。

说起有着别称“世界上最繁忙的十大港口之一”“世界吞吐量排名前列的海港”的香港港，我们以前一直以为香港港是个忙碌、永不停转的港口，生活在这里的人们走路如飞，恨不能在脚下安个风火轮。但其实这里忙碌的节奏之下仍然保留着一些特别的地方，很安静，很慢，所以你想感受这样的安谧，那就走进小众度假胜地——香港港吧。

吃货天堂

广州港

倘若不游珠江沿岸的文化史迹，可以说就未曾真正游览过广州港。沿着“珠江走廊”可观赏到丽日蓝天下的秀丽景色和夜晚两岸灯光璀璨的动人美景。如果你有足够的体力和兴致，不妨沿着珠江两岸一路寻去，去追寻广州悠久的历史以及新潮的文化，去阅尽广州说不尽的文化风情。

广州港分为内港和外港，在 1986 年之前广州分别有广州港务局（管辖内港）和黄埔港务局（管辖外港）。到了 1987 年，由于广州的发展需要，广州港务局和黄埔港务局合并，统称为广州港务局。

广州的内港主要指新风、滘心、洲头咀、芳村等地方的小码头。黄埔港区分布在广州市以东，珠江和东江的交汇处。由于所处的行政区域是广州市的黄埔区，所以大家很自然会将黄埔的码头统称为黄埔港。

广州港港区由内港、黄埔、新沙和南沙 4 大港区和珠江口锚地组成，拥有一批设施先进的大型集装箱、煤炭、粮食、石油和化工等专业化深水码头，以及华南地区最大的滚装船码头。2015 年，广州港完成吞吐量 5.2 亿吨，集装箱吞吐量 1762.5 万标准箱，位列全国沿海港口第四，分列世界第六和第七。

黄埔古港

自宋代以来，黄埔村长期在海外贸易中扮演重要角色。南宋时此地已是“海舶所集之地”。黄埔古港地区分为四个功能区，即纪念展示区、古港公园区、栈道餐饮区及村头广场区，是集展示、传播、娱乐、休闲于一体的“文化公园型景区”。

黄埔古港见证了广州“海上丝绸之路”的繁荣。

黄埔古港建筑群面积比较大，建筑风格为岭南古建筑，保留了很多祠堂之类的建筑。

[广州港——黄浦古港]

黄埔港位于中国广州市东南部珠江口内的北岸，华南地区最大的沿海和远洋交通运输枢纽。隋唐时期，黄浦港湾（黄埔古港）已经是船舶进出广州的外港停泊地。

“食在广州”

“食在广州”是指粤菜精致美味，食之堪称天下一大享受。广州拥有很多百年老字号和新兴名店，传统和创新的名菜、名点、名小食、名风味食品不胜枚举，饮茶、喝汤更是成为当地一种独特的文化。

广州小吃闻名四方，可分七大类：油器类、粥品类、粉面类、糕点类、甜品类、粽子类、杂食类菜等。

2000多年来，广州虽然一直保持对外贸易城市的地位，但随着各个朝代社会经济发展与对外贸易政策变化，而时兴时衰。汉、唐、宋、明几个朝代广州对外贸易发展比较兴盛，直至鸦片战争。现如今广州港已成为中国第四大港口，吞吐量居世界第五位，是世界海上交通史上唯一2000多年长盛不衰的大港，可以称为“历久不衰的海上丝绸之路东方发祥地”。

见证繁华，曾经的世界最大港口

泉州港

泉州港，曾经首屈一指的世界大港，经历了千百年的时移，虽有兴衰、起落，但终究屹立不倒。

泉州港有着1500多年历史，古时被称为“刺桐港”，是中国古代海上丝绸之路的起点；是世界千年航海史上独占400年鳌头的“世界第一大港”、与埃及亚历山大港齐名，也是被联合国唯一认定的“海上丝绸之路起点”。

泉州港位于泉州市东南晋江下游滨海的港湾，北至泉州湄洲湾内澳，南至泉州围头湾同安区莲河，海岸线总长541千米，曾以四湾十六港闻名于世。

世界第一大港的兴衰起落

泉州地处福建东南沿海，港口资源优越，早在南北朝时期已成为对外交通港口；“安史之乱”以后，由于陆上丝绸之路阻塞，中西交通以海道为主，这一转变给泉州港等沿海港口的发展带来了机遇。

自1087年宋朝中央政府在泉州设立市舶司起，泉州港的对外贸易从此进入新的历史时期，泉州港与70多个国家和地区有往来，海外交通畅达东、西二洋，东至日本，南通南海诸国，西达波斯、阿拉伯和东非等地，成为中国最大的对外贸易港口。

时间来到元朝，其疆域辽阔，国力强盛，泉州港对外交通四通八达，举世瞩目，被当时著名旅行家马可·波罗盛赞道：“刺桐

[泉州港后渚作业区]

随着共建“一带一路”合作倡议的提出，泉州积极融入“一带一路”建设，被定位为建设21世纪海上丝绸之路的先行区和战略支点城市。围绕建设内陆地区接驳“海丝”航路的重要出海通道目标，泉州加快建设完善临港复合交通体系，重振“海丝”辉煌。

（当时泉州称为刺桐）是世界最大的港口之一。”

进入明代，由于明政府施行了严厉的“海禁”，限制泉州港只通琉球，使泉州港对外贸易受到极大限制。1474 年市舶司移设福州，泉州的来远驿也随同市舶司废置，此事件标志着泉州港外贸地位的下降。

到了清代，在清初战争和海禁、迁界的影响下，泉州的社会经济遭到严重破坏，港口的繁华已烟消雾散，城市也凋零殆尽，泉州港的外贸业务全由厦门港所取代，从此以后，泉州港便走向衰落。

[泉州港十洲人——伊本 · 白图泰]

伊本 · 白图泰可谓是古代的旅游“达人”。28 年内，他周游了 28 个国度，足迹遍及亚非欧。他在 1346—1347 年访问了泉州，曾经三进三出刺桐城。

古代泉州吸引了很多的外国人定居在这里。“市井十洲人”将他们的信仰和习俗留在了泉州。

港口地位下降，何时再雄起?

时过境迁，如今的泉州港已被周边港口赶超，虽然繁忙依旧，但多少带有几丝落寞。自 20 世纪 90 年代，泉州港还有一些外贸航线，但如今，欧洲、美洲、中东

等航线几乎绝迹。大量的企业已经不从泉州港运输出口，即便是泉州地区的制造企业出口的商品，更多的也选择通过泉州以外地区的进出口经营企业出口，并直接通过泉州港以外的港口运输。

泉州港的逐渐凋敝，泉州人颇为担忧，为此，当地政府特别给予专项扶持，鼓励制造企业分流物流业务，实施采购、生产、销售和物品回收物流的一体化运作，促进供应链各环节的有机结合，推进物流服务的社会化和专业化，加快第三方物流发展；同时开展转关运输和保税仓储业务，为进一步恢复泉州港的繁荣打下基础。

[泉州市舶司复原图（局部）]

宋廷南迁后，泉州有比广州更靠近京城临安的地理优势，使宋廷十分重视和扶持泉州的海外贸易，泉州市舶司成为南宋两个市舶司之一。这一时期，泉州的人口增至 25 万多户、132 万多人，来泉州经商或定居的外国人更是遍及亚非欧。《光明之城》的作者雅各·德安科纳在刺桐城里，遇见过印度人、犹太人、法兰克人、亚美尼亚人等，能听到 100 多种口音。

众所周知，海上丝绸之路是连续东西方重要的海上通道，通过泉州港等发达的海上交通，我国古代“四大发明”以及瓷器、丝绸、中草药、茶叶以及文化传播到世界各地；而世界各地的特产诸如：香料、珍珠、象牙，尤其是农作物如棉花等相继传入中国。所以，海上丝绸之路的意义远远超过丝绸贸易的范围，它把中国与世界连在一起，是一条沟通人类物质文明和精神文明的对话之路。

美丽传说的缔造者

连云港港

[大沙湾浴场]

连云港港地处中国沿海中部的海州湾西南岸、江苏省的东北端，港口北倚长6千米的东西连岛天然屏障，南靠巍峨的云台山。说起连云港的必游之地，首先想起的就是风景宜人的东西连岛和充满历史传说的云台山了。

连云港港地处中国沿海中部的海州湾西南岸、江苏省的东北端，位于长江三角洲最北端，港口拥各类码头泊位35个，其中万吨级以上泊位30个，被誉为新亚欧大陆桥东桥头堡和新丝绸之路东端起点，是我国中西部地区最便捷、最经济的出海口。

被阳光宠爱的小岛：东西连岛

连云港连岛海滨旅游度假区位于黄海之滨海州湾畔的连岛，与连云港港口隔海相望，森林覆盖面积达80%，海岛自然风光秀丽迷人。每年4—10月是最佳的旅游时间。

连岛海滨旅游度假区是国家级风景名胜区云台山海滨景区的重要组成部分，2002年被评审为国家4A级旅游景点。

岛上自然风光迷人，冬暖夏凉，气候宜人。连岛的海滨浴场面积比较大，是人们夏天避暑的好去处。岛上还有苹青山、大港、海村、古石刻等人文景观。东西连岛上的主要景点分别为天然优质浴场、海誓山盟以及海天一色。

连云港，简称“连”，古称“海州”，因面向连岛、背倚云台山，又因连云港港，得名连云港。

天然优质浴场：大沙湾浴场位于连岛中部，沙滩长约1800米，平均宽约150米，是江苏省最大的海滨浴场，而且其沙滩沙质细腻，海水洁净，水温适中，也是华东地区屈指可数的健康型海水浴场之一。

海誓山盟：传说“海誓山盟”原在海中，是龙宫结婚庆典专用圣地，在此定情能够一生幸福。王母娘娘得知此事后，为施恩人间特令海龙王将此神圣之地移到陆地上，供人间有情人结下美满姻缘。

海天一色：此处紧邻大海，脚下是拍岸惊涛卷起的堆堆白浪，头顶是随风漂移的白云，前方深邃蔚蓝的是海天交融处，故名“海天一色”，是连岛一处特殊风景。

相传，吴承恩在淮安府官场失意，得知海州境内有座云台山，为宇内四大灵山之一，便乘船来到山下，只见云台山四面环海，峰奇石怪，堪称“世上瀛洲”。便在一处弯弓形的山脚下的三官庙中住下，他搜集民间传说，并到山上实地考察山石形象，满山花果，以他丰富的想象力，一连写了三年，终于写成了古典名著《西游记》。

一山一水绕心间：云台山

云台山在唐宋时称苍梧山，亦称青峰顶，为云台山脉的主峰，是江苏省诸山的最高峰。李白曾诗云：“明日不归沉碧海，白云愁色满苍梧。”苏轼也曾书写：“郁郁苍梧海上山，蓬莱方丈有无间”，写的皆为云台山，

[云台山俯看连云港口]

连云港港具有悠久的航运发展史，其前身大浦港于1905正式对外开放，现港址始建于1933年。

被誉为：“海内四大名灵”之一。

云台山风景以山水岩洞为特色，包括海滨、宿城、孔望山、花果山四景区，面积约为180平方千米。海滨景区，风光壮丽，别墅鳞次。夏天，阳光灿烂，海风徐徐，避暑消夏，实称佳境。在龙门海滨浴场，游泳沐浴皆宜，还可扬帆行舟，领略大海情趣。

自古就有“东海第一胜境”和“海内四大灵山之一”

美誉的花果山，集山石、海景、古迹、神话于一身。自然景观呈山海相依，崎峭与开阔呼应对比的壮丽景色。冬日雪景迷人，夏日飞瀑急湍，秋季风景如画，春来鸟语花香。人文景观源远流长，文化底蕴浓厚，古建筑、古遗址、古代石刻以及历史人文墨客的游踪手迹遍布山中。这里还有《西游记》里描述的花果山美猴王、水帘洞以及神话中女娲补天遗留下来的女娲遗石等，种种神话和民间传说，以及与《西游记》相关联的景点数不胜数。

宿城景区位于连云港市东南郊，这儿怪峰突兀，环抱宿城，激流飞瀑，粗犷自然。山麓中的禹山温泉，富含放射性元素氡，水温达 86℃，可治疗皮肤病，同时也是欣赏枫叶的好去处。孔望山景区的特点为一“古”字，古代文物遍布锦屏山石棚山一带，有古人类旧石器时代晚期的桃花山遗址，新石器时期的二涧文化遗址。有 4000 多年前的“天书”，原始东夷部落的岩画。古代帝王、文人学者如孔子、秦始皇、唐太宗、李白、苏轼、李时珍、吴承恩等都在此留下过足迹。

[连云港花果山风景区]

《西游记》中描写的许多引人入胜的景观，如七十二洞、水帘洞、南天门、玉皇宫、老君堂、牛王庙、海天洞、八戒石、石棚山早在《西游记》问世之前就存在于云台山了。如今的花果山上，楼宇亭阁大都修葺一新，自然景色正如吴承恩所描写的那样：“瑶草奇花不谢，青松翠柏长春，仙桃常结果，修竹每留云”。通往花果山的要道口猴嘴山上的天然石猴依旧神气十足地在看守门户。

动物的栖息地

漫步在连云港港海滩，抬头一看，也许能和悠闲飞行的鸟儿们道声好。连云港动物资源主要分水生、陆生和鸟类。海州湾渔场为中国 8 大渔场之一，水生动物中的海洋水产品占连云港水产品总量的 72.8%。主要经济鱼类为带鱼、鲥鱼、黄鱼、加吉鱼 4 大类。前三岛海区为江苏省唯一的海珍品基地，主要有刺参、扇贝、鲍鱼等。近海水域和内陆水域主要生产对虾、海带及淡水鱼类。连云港还有各种鸟类 225 种，列入国家珍稀保护鸟类计 31 种。

看着风景吃着鲜美的海鲜，这何尝不是人生一大乐事？

一半历史，一半现代

高雄港

走进高雄港，也许你第一眼看到的是美的无法言喻的海景，一望无际的大海，悠悠行驶的邮轮，只叹夕阳无限好。但慢慢地，你一定会被这个充满历史遗迹的港口所影响，看着那些有历史印记的遗迹，默默开始自己的思考。

涅槃重生的顽强

很难让人把现在繁荣的高雄港和过去几乎沦为死港的历史结合起来。在 1944 年，当时美军已渐次赢得新几内亚、塞班岛、菲律宾等战场胜利，盟军开始对台湾、琉球直接空袭。10 月以后，高雄港遭到盟军猛烈轰炸，所有码头仓库几近摧毁。日军为避免美军占领后利用本港补给海军，自沉大船五艘封锁港道，高雄港几乎成为死港。

而现在，高雄港是台湾南部最重要的商港，也是台湾最大的港口，为高雄产业观光的重要主角。游客们可观赏高雄港的水都风情，作为世界著名的港埠，高雄港的港湾之美，完全不逊于其他一些声名远播的港口。

高雄港位于高雄市，旧称打狗港，是台湾南部最重要的商港，也是台湾最大的港口，属大型综合性港口。港口内有 10 万吨级矿砂码头、煤码头、石油码头、天然气码头和集装箱码头，年吞吐量约 5000 万 ~ 6000 万吨。航道和港区水域水深 11.3 ~ 16.0 米，可供 15 万吨级海轮进出港和停泊。

数不清的历史文物

旗津岛上最著名的文物特色莫过于旗津渡轮、三轮

[高雄灯塔]
高雄灯塔，建于清光绪九年，为台湾本岛上的第二座灯塔（第一是鹅銮鼻灯塔），是台湾少数仅存的清代灯塔之一。

[前清打狗英国领事馆]
打狗英国领事馆建在西子湾的小山岗上，建立于1866年（同治五年），是清朝外国人在台湾正式建造的第一座领事馆。领事馆内部陈列有珍贵的高雄历史资料、图片、实物及模型，所以领事馆又名高雄史迹文物馆。

车、灯塔、天后宫及海岸公园。在早期，旗津对外的交通全部都是以渡轮为主，现在有了过港隧道，交通上便利许多，渡轮反而成了吸引观光客的噱头。另外，岛上保留了20世纪50年代所风行的三轮车，可供游客体会前人乘坐三轮车的乐趣。

位于旗津山顶上的旗津灯塔，又称为高雄灯塔，建于清光绪九年，为台湾本岛上的第二座灯塔。当时是由于高雄地区的船只进出频繁，政府有感于原有的港口护航设施不足，时常发生船难，所以才下令兴建旗津灯塔，以作为导航之用。后来又经过重修，灯塔塔角为八角形，有阳台可供远眺高雄港全景。

从旗津渡轮站沿着旗津老街步行，可看见林立的海产店、当地小吃摊贩，不久后即可到达著名的旗津天后宫，旗津天后宫主要供奉妈祖，当地民众又称为妈祖庙、妈祖宫，建庙于清朝康熙十二年，大家前往旗津风景区时可别忘了来到旗津天后宫感受妈祖的灵验喔！

前清打狗英国领事馆

前清打狗英国领事馆为建于1865年的英式建筑，位于高雄港（清打狗港）口北岸的鼓山上，基地高度离水面约30米，东侧、西侧及南侧皆紧临陡峭的悬崖，北侧连接鼓山，形成背面靠山、三面环水的形势，是当时英国署理海关税务工作的重要据点。在台湾目前现存的西式近代建筑中，打狗英国领事馆的年代最为久远。

爱河

近年经高雄市政府整建，爱河风光稍有改善，其中最漂亮的一段，要算是高雄大桥经中正桥到七贤桥之间两岸的河滨公园。这一段河滨公园内树木高大，并设有凉椅供人休憩，晚上到此小坐，胜过逛街人挤人无数倍！坐在河边聊天谈心，观赏来来往往的行人与车辆，也让人颇为惬意。

[六合夜市小吃]

六合夜市的前身为大港埔夜市，原本为聚集于台湾高雄市区大港埔空地上的小吃摊，兴起于20世纪40年代末期至20世纪50年代初期，名列高雄最具代表性的夜市。

六合夜市

六合夜市上的美食多样，比较知名的有乌鱼腱；以大骨、柴鱼熬成高汤，再搭配花枝、鲜蚵、鲜虾、文蛤等材料，已经出名20多年，平常一天就能卖多2000多碗的海鲜粥；有着数十年历史的过鱼汤老店，以及著名的十全药炖排骨、担仔面、土一鱼羹等，都十分推荐试一试。

> 六合夜市全长380米，共设有170个摊位，大多以小吃、娱乐游戏为主，其他诸如衣服摊、杂货摊等并不多见。最特殊的景观是招牌林立的牛排店，大大小小10多家，主要卖点是平价、家庭式的牛排套餐。

六合夜市除本土口味外，也有不少外国人来摆摊，如有来自安哥拉的正统土耳其人在卖正统的土耳其冰淇淋，还有墨西哥人卖着墨西哥脆饼，还有日本人、印度尼西亚人也来此地摆摊卖饰品，十分有国际味道，逛六合夜市，也千万别错过这些国际性的摊位。

六合夜市是这么一个有着众多美食的夜市，此外更是相当干净的夜市。这地方白天是车水马龙的大马路，但一到晚上，摊商就会陆续进驻，接着封闭马路开始营业。到隔天太阳破晓前，就会开始打扫清洗街道，让一切回归原状，再加上这边拥有的台湾第一条夜市污水进程系统，都让六合夜市十分清洁、毫无异味。

高雄港就是这么一个既具有现代化特色，又能保留众多历史文化遗迹的海港，吸引着人们前来游玩。

[花莲港七星潭入门处]

04 金针花的故乡 花莲港

不同于高雄港的喧闹繁华，花莲港是安安静静不乏温暖的小港湾。走进花莲港的第一感受是美不胜收：大起大落的海水，一望无际的蔚蓝以及挡住日光的远处高山。大自然对花莲无疑是宠爱的，无论是令人忘忧的金针花季还是悠闲浪漫的七星潭，都令人难以拒绝。

花莲港位于东海岸中部，美溪出海口，是台湾东部最大的港口。港区航道水深 9.7 ~ 17.5 米，可容 1.5 万吨级船舶出入；港区内各主航道水深 10 米；港区内港能停泊船只 16 艘，外港 6 艘，合计 22 艘；锚地共 7200 平方米。

七星潭没有“潭”

七星潭海滨公园位于花莲县新城乡北埔村，是一个突出于美仑鼻一侧的海湾。

七星潭风景区设有自行车道，利用自行车便可以将南滨公园、石雕园区、赏星广场、观日楼等畅玩到底。在渔场附近还有海生态的解说牌，利用防风林区辟建的海滨植物园区，除了让民众赏心悦目之外，更能增长知识！在七星潭不仅可以远眺清水断崖，夜晚时分的新城

[南滨公园]

[七星潭路标]

和崇德地区灯火更是清晰可见，因此也是当地民众看夜景、赏星辰的好去处。

但其实七星潭附近并没有潭水，如今的七星潭是指那美丽的海湾。而之所以这个区域会叫做七星潭是有原因的。七星潭地区为低洼的湿地，有数个大小不一的湖泊，但后来人们填湖造地便没有潭水了。“七星”这个名字的由来有一个传说：“在以前晚上天气好的时候，到这里看北斗七星最为清楚，所以称为‘七星’，加上四周的潭水，就合称为‘七星潭’了。”

花莲港是“洄澜港”的谐音。清嘉庆十七年（西元1812年），部分汉人从宜兰移垦，见岸际溪水昼夜奔注，时刻与海浪冲击而形成萦回的状态，遂称之为“洄澜港”。到清同治十三年（西元1874年），沈葆桢奏请开路，设抚垦委员：“分东台为三路，以总兵吴光亮办之。南为卑南，中为璞石阁，北为花莲港。”花莲港之名由此而来。

鬼斧神工的太鲁阁公园

太鲁阁公园横跨花莲港所在地、南投及台中，以高山和峡谷为主要地形特色，其中中横公路太鲁阁到天祥的立雾溪河谷，两岸皆由大理石岩层构成，所以有大理石峡谷的称谓。太鲁阁公园内的游憩资源大部分都分布

[太鲁阁公园]

太鲁阁是原住民的语言，意思是“伟大的山脉”，由于地壳的隆起作用及立雾溪河水不断地侵蚀切割，使得大理石岩层外露，因而形成陡峭的太鲁阁景观。

在中横公路东段沿线，如长春祠、太鲁阁峡谷、九曲洞、天祥，另外还有鬼斧神工的苏花公路清水断崖、景色清新的娃娃谷，都是著名风景据点、旅游胜地。

花莲是阿美族重要的居住区，阿美族属于12大高山小族之一，属于人数最多的一族。台湾阿美族的文化特色是母系社会，男子入赘女家，女儿继承家产，男性年满十三岁就送入少年会所集训，每三年通过一次体能试验，才晋升更高一级的年龄阶级，22岁成年后改住到青年会所才可以结婚，他们也是捍卫部落的战士，成年男子若被妻子离婚，只能返回青年会所等待第二次结婚的机会。

秋季忘忧之旅：游览金针花田

蔚蓝的天空，一片黄澄澄的金针花田，站在花丛里，这一切就像是拍偶像剧一样的美丽。对于花季数不胜数的台湾来说，在每年约在8—9月间，正是花莲金针花季独占鳌头的时刻，每年的这时候花莲的两座山丘即六十石山与赤科山都会有着满坑满谷的金针花开，从天明的曙光开始至夜幕的低垂，都因为每一刻的不同变化而有了新景象，所呈现出来的美丽是用言语无法形容的，看过一次后，那样的感动可是会一直在心里余波荡漾。

[花莲港入口]

阿美族古称“阿眉族”，“阿美”乃北方的意思，由于大多数居住平地，因此也称为“平地山胞”。

难得晴天的雨港

基隆港

有人说基隆属于被抛弃的城市，这里没有依山傍水，没有集聚趣味的娱乐设施。但其实吸引人的恰恰是基隆港少了浮华，日出而作、日落而息的海边小城生活方式。

许多人对基隆港的印象来源于龚玥的《鼓浪屿之波》中的“我渴望快快见到你美丽的基隆港”。也许是被各种思乡的情绪所感染，人们对基隆港的感觉是温暖以及悠闲，如同家一样的感觉。

到了基隆港，除了白天可以吹吹海风，看看渡轮大船运载货轮的盛况外，基隆港附近也有许多旅游景点与古迹可供游赏，例如仙洞岩、狮球岭炮台、狮球岭隧道、十八罗汉洞、白米瓮炮台、海门天险等；夜晚则可以前往基隆庙口夜市品尝营养三明治、天妇罗、面线羹、奶油螃蟹、蚵仔煎、红烧鳗羹、八宝冬粉、甜酒酿、一口吃香肠、旗鱼羹等地道小吃。基隆庙口是全台湾最著名的夜市之一，全天 24 小时皆有店家在此营业。

站在码头附近的观景台上，晚风吹拂，可以看居民三三两两或闲坐或散步，通过闲聊了解当地百姓的生活。基隆港安详宁静，你可以在夜市买一份芋圆惬意地坐下来吹吹海风，边上有小朋友开心的玩闹声，体验慢生活。

[基隆港]

基隆港位于台湾岛北端，是台湾北部海上门户，这是重要的海洋渔业基地。港口水深达 11.5 米。港口三面环山，沿海湾建有 40 余个泊位。港口年吞吐量约为 3500 万 ~ 4000 万吨，主要货物有粮食、石油、水泥、木材 、化肥和钢铁等。基隆港为台湾北部重要的天然良港，也是海运转运中心辅助港——高价值货物进出口港。

基隆港在昔日称为 " 鸡笼港 " 或 " 鸡笼湾 "。鸡笼港在 17 世纪即有外人足迹，西班牙人占领台湾时就曾对鸡笼港进行调查，并进行了部分建设。清治后期，西方列强的东来，逐渐开启了鸡笼港的发展。在光绪十二年 (1886 年)，基隆港以淡水附港的名义正式开放为商港。

“东方十字路口”上一颗璀璨的星

新加坡港

它被称为“东西方文化交汇的十字路口”，温暖和灿烂的阳光、蔚蓝宽广的海滩和永不停歇的货物中转，构成了港口独一无二的风景画，它也见证着新加坡的兴衰荣辱。

新加坡港位于新加坡的南部沿海，西临马六甲海峡的东南侧，南临新加坡海峡的北侧，是亚太地区最大的转口港，也是世界最大的集装箱港口之一。新加坡港与世界上123个国家和地区的600多个港口建立了业务联系，作为国际集装箱的中转中心，极大地提高了全球集装箱运输系统的整体效能，成为国际航运网络中不可或缺的重要一环，是新加坡国际航运中心的最大特色。

说到新加坡港的历史，须追溯至19世纪初期，众多国家都对新加坡港天然优越的地理位置虎视眈眈，几番侵略，新加坡港见证了那些无法言说的悲伤。

英国当时正在扩张其与中国的贸易，急需找到一个能让其船只停泊、维修的港口，以在与荷兰人的贸易竞争中取得优势。1818年底，总督莱佛士在新加坡河口登陆之后，发觉新加坡港具备发展为港口的优越条件，而是便发动殖民战争。从此之后，新加坡成为海峡殖民地政府的所在地。

在第二次世界大战期间（1942—1945年）新加坡被日本征服并占领。

如今在港口漫步，似乎已经看不到那些过去的悲伤，但对那些年代的人而言，新加坡港却流淌过他们的悲欢。新加坡港如今作为新加坡的政治、经济、文化及交通的

[新加坡的标志“鱼尾狮”]

传说在14世纪时，即公元1324年左右，苏门答腊的室利佛逝王国王子乘船到达了现在的新加坡，并且在新加坡河口处无意间发现了一头形若狮子的动物，他深信这是个吉祥之兆，于是这位王子把这座小岛取名Singapura。马来语中“Singa”就是狮子的意思，“Pura”则代表城市，这就是新加坡被称作“狮城”的由来，而说起狮城则不得不提新加坡的标志“鱼尾狮”了，艺术家通过将狮子的头和鱼的身体巧妙结合形成了鱼尾狮。

中心，带给新加坡人民的是源源不断的生机及财富。正所谓“悲为港口，欢亦港口”。

不可错过的美景观赏

花柏山是距离新加坡港口较近的热门景点之一，位于市街西部，是新加坡最为古老的公园。游客可以搭乘缆车到达山顶，在山上眺望四周，将城市海港及邻近岛屿全数收纳眼底。走过花柏山公园，穿过密林山径，可到达清幽的梯阶花园，这里是释放压力、感受美好大自然的不二选择。

新加坡，别称为狮城。国土除新加坡岛之外，还包括周围数个岛屿，面积仅有 714.3 平方千米，还不及上海浦东（1210.41 平方千米）。

随处可见的多民族风情

在新加坡，有充满华人风情的牛车水，常偶遇说着普通话、海南、福建方言的中国人；也有穿上一条纱丽裙，让海风吹起裙摆，游客可趁机体味一番印度风情的印度人。还有神秘的回族文化和英式风格的建筑，游人可以好好感受不同风格的组合。租下别具娘惹风格的海边别墅，在洋楼别墅中体会文化撞击，也是一种不可

[新加坡金沙会议展览中心]

多得的体验。

牛车水 (Chinatown) 是新加坡的唐人街，大致上为北到新加坡河，西至新桥路 (New Bridge Rd.); 南至"麦斯威尔"路 (Maxwell Rd.) 和克塔艾尔路 (Kreta Ayer Rd.)，东到塞西尔街 (Cecil St.)。牛车水可划分为牛车路、直落亚逸街、丹戎巴葛和武吉巴梳路四个不同风格的小区。丁加奴街和史密斯街则是牛车水的主要活动中心。

艺术的摇篮、吃货的天堂

新加坡作为新加坡的中心，接待着全球知名的艺术家。每年的 1 月，全球艺术圈的始发站总是由新加坡开启航程，届时世界各国的艺术家、商家和藏家纷纷云集于滨海湾金沙会议展览中心，在这个东南亚规模盛大并最具代表性的艺术展上各取所需，也让亚洲与全球最杰出的当代艺术备受瞩目。

新加坡港港口是一个吃货天堂，来自世界各地的人集聚于此，多元的文化和丰富的历史使其拥有足以骄傲的美食。来自中国、印度、马来西亚等诸多国家的饮食文化火热碰撞、各显其长，如黑胡椒蟹，集中式的酱油、印度的黑椒、马来的小辣椒与西式的牛油于一体；蟹壳

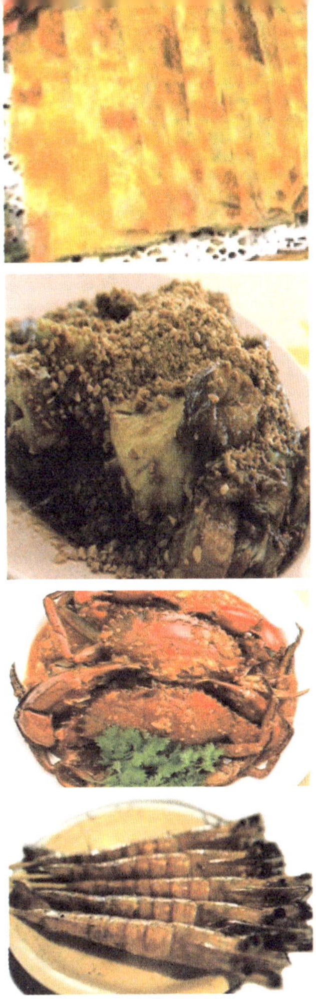

[新加坡港小吃]

厚而脆，肉质十分细腻，鲜美无比。

徜徉在这个多元化的港口之中，人们可以品尝到马来西亚清真菜、南印度素食、北印度饭、广东点心、海南鸡饭、北京烤鸭、福建面以及薄饼。

新加坡还是购物者的天堂，鳞次栉比的各类购物中心出售着来自世界各地的商品，大街小巷中也不乏精致小店。新加坡港港口百货主要是以批发价格售卖新加坡著名的药油，如“海地铁树油”“斧头祛风油”“青龙膏”等。低廉的价格、可信赖的品质，使新加坡港港口百货手信，得到国外游客的青睐。

作为全球著名的十大海港之一，新加坡港的发展前景不容小觑。近年来，新加坡的旅游业发展十分迅速，也成为众多人移民的首选之地。倘若到新加坡旅游，常作为“不眠海港”的新加坡港不容错过。

花柏山是搭乘空中缆车前往圣淘沙的必经景点，它是一座滨海的小山丘，高度只有 117 米，却坐拥 360 度开阔视野，将城市海港及邻近岛屿全数收纳眼底，可远观新加坡的港都容颜、圣淘沙以及邻近的印尼岛屿。

夜色诱惑之城

横滨港

如果喜欢宁静的夜晚和璀璨的港湾、让海风拂面的同时悠闲地喝点咖啡红酒或是摄影捕捉瞬间的美好，那么横滨港绝对不会让人失望。这里街边林立的大型商业区可以让喜爱购物的姑娘们满载而归；先进刺激的游乐设备可让周末相约的小伙伴们在尖叫声中释放压力；而国际化的大型会展观赏则让热爱艺术的人们大饱眼福；值得赞赏的是，逛累了，还可以在众多海港咖啡厅中享受悠闲的下午茶时间。

[地标大厦]

横滨港位于日本本州中部东京湾西岸，仅次于东京、大阪，是日本的第三大城市，面积 435 平方千米，是日本最大的海港，也是亚洲最大的港口之一。

横滨拥有日本最高的大楼“地标大厦”，有 70 层，高 295.8 米，大楼外形灵感源自日本传统的梳子。空中花园是一个 360 度的观景塔，位于横滨地标大厦的 69 层，这是一个能将横滨美景尽收眼底的好去处。据说参观者从 2 楼大厅移动到露天平台仅需要 40 秒，配备的是世界上最快的电梯，可享受超凡体验。登上空中花园，天气好的话还能看到富士山，视野非常辽阔。

邂逅横滨公园，尽收海港风景

港见丘公园位于元町东边的小山丘上，站在园内的瞭望台可以将港未来 21 地区、山下公园、横滨跨海大桥等横滨著名旅游景点的景致尽收眼底，是瞭望整个壮阔的横滨港口的绝佳处。

港见丘公园另一个特征是横滨夜景。夜幕低垂，横滨港以及港未来 21 地区罗曼蒂克的夜景，使港见丘公园在傍晚开始，就成为年轻情侣约会的重要场所。港见丘公园与港未来周边地区相比，这里游客较少，让人可以完全沉浸其中。

[海湾大桥]

[港见丘公园]

与之同名的另一个公园为山下公园。山下公园紧连横滨港口，为横滨市特有的海滨公园，它以最佳散步地而著称。这座公园最值得观赏的是铺在公园道路上的花砖，其次是种在道路两旁的 100 多棵古老的银杏树。

在花砖道上散步，看着两侧高大的银杏树和远处的海景，实在是一件让人十分快慰的事。在山下公园可远眺海湾大桥和港口内穿梭来往的船只，充满了浪漫温馨的氛围。公园内有穿红鞋子的少女塑像、印度水塔及美国圣地亚哥市赠送的护水神像等，印证横滨和世界各国广泛交往的纪念物比比皆是。

横滨港国际客运码头最早建于 1889 年和 1894 年（明治 二十二年和明治二十七年），毁于 1923 年（大正十二 年）的关东大地震，不久即予全部修复。

新港码头始建于 1899 年（明治三十二年），竣工于 1917 年（大正六年），面积 37.4 公顷，是横滨港的发祥地之一 。

穿越明治，触摸历史文物

横滨红砖仓库是建于明治末期至大正初期的仓库群，作为象征横滨港发展的历史性建筑物，尤其著名。横滨红砖仓库 1 号馆作为文化展示设施，红砖仓库 2 号馆则改造成为以时装店、杂货店和美食店为主的商业购

[横滨红砖仓库]

红砖仓库发展商维持了原来明治大正时代时兴建的炼瓦建造风格，在里面重新进行空间分格，里面经营的是时尚的酒吧、餐馆、精品店、展览馆等。旧仓区的怀旧情调本身形成港区和谐的风景。

物设施。同时周边建成了公园，周围一带成了红砖公园。

[横滨中华街]

异国遇故知，人生一大乐事

横滨中华街是位于日本神奈川县横滨市具有140年历史的华人居住区，属于俗称的“唐人街”，全长约300多米，居住在这里的约三四千华侨中，以祖籍为中国广东省的为主。

中华街的东西南北门各竖着高大的牌楼，西边入口处竖着15米高的牌楼，红柱绿瓦，牌楼中间书写“中华街”三个大字，整个楼坊闪耀着雕梁画栋的中华传统艺术。

横滨中华街被誉为“中国名菜饭馆街”。这里有大约百余间中餐馆，分为广东、江苏、上海和四川等菜系，各自保持着菜系的原汁原味，其中广东餐馆约占一半。除吃之外，中华街中还有杂货店、药店、服装店、手工艺品店等，因以餐馆为多，中华街被称为“食的天堂”，日本人常常扶老携幼来此饱食并游览。这里的广东菜以清淡可口为人称道，广东烧卖也很受欢迎。对于“吃鱼族”的日本人来说，他们很喜欢上海菜，上海饭馆的菜谱以鱼类为多，四川的麻婆豆腐也成为横滨家喻户晓的“四川料理”了。

中华街的横滨大饭店、重庆饭店、太湖饭店各有名菜佳肴，面食点心颇有名气。中华街的小吃店也名扬四海，如“谢甜记”粥店门庭若市，深受人们青睐。

也许很多人邂逅横滨的原因是因公出差，但往往都是一去便流连忘返；横滨港打动游客的不仅仅是繁华，更是随时可在繁华中觅得的一份安然。

[神户塔]

色彩斑斓的万花筒

神户港

悠闲是神户的主调，在别具特色的 mosaic 购物中心以及半开放的南北两栋购物城，人们可以随心所欲地买到心仪的商品；而室内精心设计的店面以及半开放的室外店面可让人们在美景的陪伴下吃上一顿惬意的美食；酒足饭饱后，还可以在各种彩灯下逛逛小杂货店。

灯影环绕下的摩天轮

鲜红色的摩天轮是神户的地标之一，其前身所在的迷你游乐园叫作马赛克花园，因此通常被称作马赛克摩天轮。情侣们可在摩天轮的转动下许下对彼此的承诺，以夜景为证，实在是一件十分浪漫的事。

倘若想在神户进行特别的告白仪式，那主题看板则是不二选择了。你可以写下心里想说的话，与恋人在摩天轮上见证难忘的时刻。

别样设计的神户塔

一走入神户港，人们第一眼看到的往往是神户港塔——世界上唯一一个管状结构的观光塔。神户港塔于 1963 年落成使用，塔高 108 米，共有 8 层。神户港塔的设计概念源于日本鼓，而建筑物以 32 支红色的钢枝包围着，寓意欢迎船只回到岸边。塔身的最高三层均为 360 度的全景观光楼层。

神户塔一楼是设有售卖纪念品及通往观光层的售票处；而二楼除了设有售卖纪念品的商店外，更设有特色美食餐厅；三楼为旋转咖啡室，每 20 分钟自转一圈；

神户港位于日本本州南部兵库县芦屋川河口西岸，濒临大阪（OSAKA）湾西北侧，是日本最大的集装箱港口，也是世界十大集装箱港口之一是仅次于荷兰鹿特丹港的世界第二大港。

神户港以优良的全能型停泊设施而闻名，一次可容纳多达 170 艘大型船舶。

神户港位于主要船运线路上，也是通往东亚的门户，通过普通货运班轮服务和交通支线网络与众多国家联结起来。

[神户摩天轮]

四楼最远可远眺至淡路岛和大阪湾；五楼最远可远眺至六甲山以及关西国际机场，而该层的天花板在 2010 年装修后被加上光纤而形成星空效果。

神户港有 130 年历史，也是日本首屈一指的大型船舶出入停靠的国际港。

展现异域风情的北野异人馆

随着 1968 年神户海港的开放而发展起来的这个城市里，在明治时代已有很多外国人来此居住。一排排欧式建筑，让人们的目光无法转移，对从未去过欧洲的人来说是不错的体验。这里还有个游客中心，有关于交通方面的问题，都可以来此咨询。

[异人馆]

莱茵馆和英国馆等 34 栋西洋建筑已被指定为传统建筑物，风见鸡馆和萌黄之馆等也有一些已被指定为重要文化遗产。每个馆各有独特风格，有着许多赏心悦目的景点。有些异人馆内经营咖啡屋和饭店，其中时尚且高雅的咖啡屋和商店也不少。

风见鸡馆是以屋顶上的风见鸡闻名的砖砌外墙建筑，也是在北野异人馆街里唯一现存的砖砌外墙结构建筑。屋顶上的风见鸡已成为北野异人馆街的象征。萌黄之馆是一座木制而成、钉上壁板并带有两个不同的凸窗的两层楼；室内设有已被复原的阳台和正面入口，在每个房间的壁纸和瓷砖以及暖炉的壁炉台等处都可以看到当年的精巧之处。

[风见鸡馆]

白天的神户港充满现代感：海上惬意飞扬的海鸥、缓缓靠岸的邮轮以及路边充满热情的店主是那么的真实；夜幕下的神户港则是流光溢彩，洋溢着时尚感。

日本的好莱坞 大阪港

大阪港的特点在于小清新，蓝蓝的天、清清的水以及随处可见的花花草草都无一不在印证独属于大阪的清新。走进大阪港，可与海洋生物进行近距离接触。

情人约会圣地

天保山摩天轮是著名的情人约会场所，在此既可以从高空中俯瞰大海、远山及整个大阪市，还可以从跨海的明石海峡大桥起一直看到神户的六甲山。大摩天轮还能形成直径 100 米的美丽彩灯图案，在夜晚彩灯点缀下充满了浪漫情调。摩天轮有底部全透明的包厢可以乘坐，推荐不恐高的人们去尝试。

[天保山摩天轮]

天保山大摩天轮曾经是世界上最大、最高及技术最先进的摩天轮（如今最大的是英国航空伦敦眼摩天轮）。大摩天轮拥有 60 个单独的可乘坐 8 位游客的观光窗，以及世界上首次安装的“流星雨烟花”，可形成直径 100 米的美丽彩灯图案。

海洋生物栖息地

大阪海游馆是世界上规模最大的水族馆之一，因拥有巨大的鲸鲨而闻名，是亲子出游的人气景点。

大阪海游馆有 10 个海域、14 个特大水缸，总计有 11000 吨总蓄水量，其中有 580 个物种，近 30000 多只海洋生物，简直就像将整个太平洋搬到馆内。

这里有千奇百怪的深海鱼类：变化万千的奇异水母，每个动作都可爱的令人尖叫的海豹，萌萌哒肥肥的企鹅，气势逼人的大鲨鱼 ......

游客可先乘坐电梯升至最高的第 8 层，由上而下逐层游览，海游馆独特的触摸池可以让小朋友有机会亲近

大阪港位于日本西南沿海的中岛川与大和川河口之间，濒临大阪湾的东北侧，是日本五大集装箱港口之一。港区主要码头泊位有 39 个，岸线长 10460 米，最大水深 12 米，装卸设备有各种岸吊、门吊、集装箱吊、浮吊、拖船及滚装设施等，其中浮吊最大起重能力达 350 吨。目前大阪港以集装箱航线为中心，与世界 100 多个国家和地区的 400 多个港口有贸易往来。

[大阪港]

到平日难得一见的海洋生物。

和其他海洋馆不同的是，海游馆里没有鲸鱼、海豚演出，但是冬季会有特别的企鹅散步活动。海游馆旁边还有知名的大阪港帆船型游船“圣玛利亚”号，如果购买了大阪周游券，可以免费乘坐。

进入德川幕府的江户时代后，大阪港虽不再如丰臣秀吉时代那样是政治中心，但却迅速从内战的废墟中崛起而成为日本的经济中心，以大米为主的各种生活必需品从各地汇集到大阪，再由大阪运送到世界各地，大阪米商的交易也就成了世界最早的期货贸易之一。

环球影城

在大阪的环球影城中有各种亲子娱乐设施、日本特色的卡通人物，这里还是一座电影主题游乐场，分为纽约区、好莱坞区、旧金山区、哈利·波特的魔法世界、水世界、亲善村、环球奇境、侏罗纪公园 8 个区域。

哈利·波特的魔法世界重现了《哈利·波特》中外观庄严的霍格沃茨城堡，魔法学校内部有“邓布利多校长室”“黑魔法防御术教室”“格兰芬多休息室”和“有求必应屋”等房间，“哈利·波特禁忌之旅 in 4K3D”以 4K 影像技术，让游客以飞快的速度盘旋在无限辽阔的霍格沃茨上空，使迎面飞来的“金探子”仿佛伸手可及。鹰马的飞行是此区另一座娱乐设施，其飞车盘旋在海格的小木屋和南瓜田上空。

[大阪环球影视城]

好莱坞美梦：分为正常和逆行过山车，“逆转世界”是车的背部被吊起，一直上升到 43 米高度，游客仰望天空后行进方向不明、无法预料的体验。环球妖魔鬼怪摇滚乐表演秀：甲壳虫果汁、吸血鬼、狼人、科学怪人，以及科学怪人的新娘等妖怪汇合在夜间坟墓，伴随摇滚歌曲表演好莱坞歌舞。太空幻想列车：车子会随着故事的进展而变换速度与旋转，穿过以宇宙为背景的各种行星、彗星群。

大阪就是一座在 1400 多年前繁华城市。被称为“水之都”的大阪，自古以来就凭借河海交汇之优势，与日本国内及中国和朝鲜半岛进行频繁的交往，位于大阪的港口“难波津”是与海外进行交流的重点地区。

无论是为一睹多种多样的海洋生物或为圆好莱坞美梦，大阪港都能满足要求。

温暖的港湾

7 釜山港

温暖舒适是韩国釜山港的一大亮点，星罗棋布的温泉，群山环抱的秀丽风景，是釜山港一跃成为著名的旅游胜地的原因之一。其次，釜山港是韩国海陆空交通的枢纽，也是韩国最大的金融和商业中心，无论购物还是旅游都十分方便。

釜山位于韩国东南部，是韩国仅次于首尔的第二大城市，是泛太平洋物流中心。在高丽王朝时期（10—14 世纪末），釜山被称为 Busanpo，Busan 的意思为“釜状的山”，根据城市后面山的形状而得名。而 po, 则是“海湾”或“海港”的意思。

釜山拥有韩国最正宗的料理，釜山的韩国料理店历史久远，深受广大游客喜爱。这里环境典雅，精心的店内设计、贴心的服务，有浓浓的韩国风情及传统的韩国感觉，很有小资范，十分适合情侣约会、家庭聚会、朋友聚会等休闲娱乐聚会。

釜山蕴藏着南太平洋热情的都市中的海水浴场——广安里海水浴场位于釜山海云台海水浴场西侧。广安里除了海水浴场还有独特风味的西餐厅、咖啡屋等。另外，更有能和市内时装街媲美的时装店，各式各样的美食街等。

广安里海水浴场周边有 300 多家生鱼片店及能欣赏多彩的釜山海边庆典的野外舞台。附近的水营江不仅可以钓鱼，还可以当场品尝新鲜的海鲜。广安里海水浴场周边住宿条件非常完善，拥有各式宾馆。

釜山龙头山公园位于釜山繁华的市区。公园的地形仿佛是一条面朝大海的卧龙的头部，故而取名为龙头山公园。登上龙头山，可俯瞰繁华市区全景和海洋风光。

[广安里大桥]

广安大桥是韩国第一座具有艺术性、造型美、顶尖照明设施的桥梁，多元灿烂的灯光依照星期、季节变换，呈现出缤纷的色彩照明，为釜山呈现出另一番崭新的面貌。

釜山港位于韩国东南沿海，东南濒朝鲜海峡，西临洛东江，与日本对马岛相峙，是韩国最大的港口，也是世界第六大集装箱港。始建于 1876 年，在 20 世纪初由于京釜铁路的通车而迅速发展起来。它是韩国海陆空交通的枢纽，也是韩国的金融和商业中心，在韩国的对外贸易中发挥着重要作用。

休闲度假村

仁川港

仁川港是一座怀抱着蓝天、海水及岛屿的港口，在这里可以感受到原始的自然风貌与现代化高科技的奇妙融合。来自世界各地的游客在这里不仅可以体验韩国的传统文化，还能够在购物时享受绝对惊喜的优惠价格。

仁川港是韩国第二大港，是韩国西海岸的最大港口，也是韩国首都首尔的外港，与首尔相距不到40千米，港口附近设有出口加工区。仁川港区主要码头岸线总长6024米，泊位33个，在其对外贸易货物总量中，亚洲占2/3，中国占其七成，亦即中国的经济高速发展，造就了如今的仁川港。

仁川港是韩国首都首尔的外港，是韩国最大的经济中心，又是韩国北部进出口贸易中心，还拥有很多美丽的风景。

距离仁川相对较近的月尾岛，有着比邻的街道，一个挨着一个错落有致，各种异国风味的海景咖啡厅和海鲜餐厅布置在其中。

坐上游览船，可以观赏外面的仁川大海，在船上不仅可以品尝各种海鲜美食，还可以观赏各种艺术表演。月尾公园的自然环境和观光设施可以让游客体验到韩国的传统文化，了解当地人的传统习俗。值得一提的是，这里还是鸟叔的新曲——Hang over的取景地。

仁川的永宗岛上有一个特别的地方——宝马试驾中心，作为全球知名的汽车企业宝马公司将其在全球开设的第三家大型试驾中心建在了这里。中心面积达24万平方米，相当于33个足球场，在这里可以亲自试驾各种款式的宝马车。这里提供6种不同路面的跑道来满足各种客户对性能体验的要求，其中包括专门为速度一族而建的赛车中心。

[仁川中华街]

仁川中华街是韩国最大的唐人街，里面有40多家中式餐馆和商店，经营者以韩国人居多，华人经营者只占1/3。1883年仁川港开埠，1884年这条唐人街所在地区被指定为清政府的治外法权地，以后逐渐形成华人聚居地。

[宝马试驾中心]

宝马试驾中心由赛车跑道、品牌体验中心，培训和服务中心、环保公园等5个主题空间组成。

信仰归属地

孟买港

孟买港，是印度海陆空的交通枢纽，不仅交通便捷，带给人们更多的是壮观：漫步沙滩，看着飞机从头顶上的高空飞过，和浩瀚无边的蓝天构成一幅绝美的画卷；孟买港还是印度电影的摄制中心，每年拍摄故事片、纪录片1000多部，走在路边，也许还能撞见正在拍摄的剧组。

孟买具有浓郁的印度宗教色彩，这里有无数古老的天主教堂、基督教堂，还有数不清的印度教神庙、伊斯兰清真寺和佛教寺庙。孟买居民除半数以上信奉印度教外，其他还包括了全世界几乎所有的宗教。倘若你有宗教信仰，那么到了孟买，就可以在惬意旅游的同时参观并了解其历史。

[孟买印度门]

建于1911年，这座面向孟买港的玄武岩拱门融合了印度和波斯文化建筑特色，外形与法国的凯旋门极为相似，是为纪念来访的英王乔治五世和玛丽皇后而兴建，具有讽刺意味的是36年之后，建造拱门的英国殖民者就在印度如火如荼的独立运动中从拱门下离开了。

孟买港是马哈拉施特拉邦首府、印度第二大工商业城市孟买市的一座港口，也是印度最大的海港。位于印度半岛西岸中部，临阿拉伯海。在印度西海岸上，北部泥沙淤塞，南部高山逼岸，唯独孟买港具有发展港口的良好条件。孟买港是世界上最大的纺织品出口港，港口海岸线长 20 千米，40 个泊位，能停 2 万 ~ 3 万吨轮船，有“棉花港”之称。除棉纺外，还有麻纺、毛纺、化纤、混纺和纺织机械等行业，已形成完整的纺织工业体系。此外有机械、汽车、石化、造船、化肥等工业部门。

电影城

孟买最令印度人和游客称道的是其享誉世界的电影城。印度是世界第一大电影生产国，其中 70% 的故事片都是在这里生产和出口的。如果你对印度电影感兴趣，对《贫民窟的百万富翁》依旧难忘，想了解其拍摄和制作，那么孟买能充分满足你的好奇心。

著名海滨大道、特色绿化

印度人称孟买是“印度城市的皇后”，而孟买闻名遐迩的海滨大道的设计理念来源于皇后脖上的项链：宽海平整、花木扶疏的海滨大道犹如一轮新月镶嵌在美丽的柔帕蒂海湃旁。大道两旁一边是烟波浩渺、一望无际的印度洋，一边是错落有致、耸立云天的高层楼群。

孟买港分那瓦舍瓦（新港）和孟买港两港区。那瓦舍瓦是孟港新港新建的伪装箱码头，现为印度最大的伪装箱港，但那瓦舍瓦仅供集装箱船停靠，其他船只只有孟买老港可停靠。

这里几乎集中了新老孟买的欧式古典建筑及现代化的摩天大厦中的精华，繁华商业区高档酒店和商场鳞次栉比。快餐大篷车、烧烤小食档随处可见；高档写字楼、跨国大银行和各国航空公司的大厦竞相比高；有的楼顶还耸立着各式各样、各国文字的巨幅广告牌：霓虹灯光闪烁，五彩缤纷、光怪陆离，令人嗅到了这个古老的、完全欧化的前英国殖民地，今日所焕发出的现代化气息。

走入孟买，另一个不得不提的就是特色绿化，眼睛满是绿色，顿时倍感舒适。甘地花园在繁华市区的楼群中，豁然出现一大片开阔绿地，特别是别具一格的鞋屋

14 世纪以前，孟买港还是土著科利人居住的小渔村，1534 年被葡萄牙入侵后，他们因这里景色优美，即称之为“美丽的海湾”，孟买港因此而得名。

更是令游人称奇。站在花园山包上远眺湛蓝的大海及透过树林时隐时现的高楼大厦，真让人心旷神怡。

欧式建筑、特色小吃

孟买附近高楼林立，风格各异，这里不仅有欧洲风格的古典式建筑，还有一幢幢现代化的摩天大厦，同时还不乏融合了欧洲哥特式风格、印度教风格和伊斯兰教风格的东西合璧建筑。

好莱坞大片《碟中谍 4》有着高潮迭起的刺激历险、从头到尾充满惊人的特技、丰富的角色、刺激的剧情。影片中汤姆·克鲁斯开着炫酷的宝马名车在印度的集市追逐成了一场经典的汽车追逐戏，这便是在印度孟买取景拍摄的。

整个亚洲的烹饪中，都有咖喱的身影。来到孟买港，你必须吃一次当地的咖喱饭，因为这是最为正宗的。一般来说，孟买的咖喱由海鲜、椰子以及“马萨拉”调料组成，标准的咖喱料会包括姜黄、生姜和红辣椒。泰姬陵酒店据说有最棒的咖喱，可以试试哦。

孟买最独特之处在于其多样的宗教，而多种信仰能共存必定是有其原因的，想知道原因的你，可以亲自去探索。

安静平和的乌托邦
科威特港

身处中东地区的科威特港不似人们印象的动荡不安，相反，科威特港处处展现出和平、平和的氛围。在这里生活的人们大都富足安逸，丰富的石油和天然气让他们在过去的几十年内从一个以游牧、渔业为基础的小国，迅速发展成一个人均收入在世界上首屈一指的国家。

科威特位于亚洲西部波斯湾西北端。“科威特”在阿拉伯语中意为“小城堡”，其面积为 1.78 万平方千米，人口约为 233 万，其中科威特人约占 38%，其余为外籍侨民，居民多信奉伊斯兰教。科威特港没有厚重的历史文化，没有著名的景点，也并不欢迎游客，但是如果有机会走进这个国家，不论是建筑、文化、风俗，还是景点、美食，相信你都会被深深吸引。

科威特港位于科威特东部沿海科威特湾的进口南岸，濒临波斯湾的西北侧，是科威特的主要港口之一。港区有仓库面积 17.4 万平方米，集装箱堆场面积达 26 万平方米。科威特港年货物吞吐能力约 6500 万吨。主要出口货物为石油、天然气、化工产品、羊毛、皮革及珍珠等，进口货物主要有水泥、车辆、食品、建筑材料、机械设备及杂货等。

庄严肃穆的摩天大楼

在科威特港附近地段有一座综合性的摩天大楼——

[科威特港]

[玛丽娜购物中心和 Pinkberry 店]

哈马拉大楼，它如同一本轻轻折起的书卷，光辉耀眼，高耸云天，是城市的新型地标。楼内的 1 ～ 3 层是奢侈品商店，包括世界各大著名品牌的商品。第 30 层为游客观光层，有 sky lobby，凭身份证明可乘电梯到达，那里可俯瞰整个科威特城，科威特大塔、电视塔等高层建筑物尽收眼底。

白杨宫是埃米尔处理朝政、会见外国政要及接受国书的地方，宫内有专门用于接待国家元首的主客厅。白杨宫还有国宾馆，外国元首到访时常在此下榻，相当于我国北京的钓鱼台国宾馆。白杨宫门前的 206 号公路是迎宾大道，每当有国宾到来时，这里就会旗帜飘扬，充满了喜庆气氛。

科威特在 7 世纪时为阿拉伯帝国的一部分。1756 年萨巴赫家族的族长萨巴赫·本·贾比尔取得了该地的统治权，建立了科威特酋长国。科威特为君主世袭国家。

购物天堂

著名的科威特港是名副其实的购物天堂。玛丽娜购物中心分布在公路的两侧，由一条横空而建的过街走廊连接，包括 Marina 港口、Marina 酒店和 Marina 商场。

公元前 4 世纪，古希腊马其顿王的舰队东征后由印度洋经波斯湾回国，在现在科威特城的西岸建筑了一些小城堡，这就是最初的科威特。18 世纪中叶，科威特城从一个荒凉的村庄发展成有各种船只往来的海港。1938 年科威特发现石油，1946 年开始开采。日益繁荣的石油经济使该国面貌焕然一新，首都科威特城也得以迅速发展。

港口内停有数千只私人豪华游艇，在耀眼的阳光下白帆点点，壮阔美观。

商场内的 Pinkberry 店的冰激凌美味诱人，有各种口味，配以各种水果和干果，最棒的是可逐一免费品尝。

赏景绝佳去处

科威特港的海滨大道，濒临科威特湾，淡蓝色的海水或激昂地拍打着岸边的礁石，或安静地平躺着，天水一线，静水无边，实在是美妙享受。

[水塔]

造型美观奇特的贮水箱和贮水塔是科威特城最引人注目的建筑设施，也是在其他城市难以见到的景色。在这里几乎每家的屋顶上都有或方或圆的贮水箱；全市有几十座贮水塔。

印章的发源地

在科威特港以东 20 千米的海湾中有座名为费莱凯的岛屿，在该岛上有建于公元前 3 世纪的希望城堡、希腊神像和亚历山大时代的当地神像。这里近年来又陆续挖掘出大量文物，有石制器皿、刻有各种图案和文字的石块等；还发现 400 多枚德尔蒙时期的圆形石印章，制作精美，刻有人和动物的各种图案。据考证，该岛就是印章的发源地。

坐落在科威特城海滨的萨斯饭店是当今世界最大最豪华的木船饭店，一个晚上的最高消费达 400 科威特第纳尔（约合 9000 人民币）。如今该木船已成为科威特标志性建筑之一。

潜水爱好者的天堂

加莱拉港

如果你热爱潜水，或对珊瑚礁情有独钟，那一定不能错过加莱拉港。加莱拉港也称 PG 岛或海豚湾，拥有全亚洲最多样化的珊瑚礁，适合浮潜和水底摄影，是知名的潜水胜地。

Puerto Galera 实际是个西班牙语名字，Puerto 的意思是港口，Galera 的意思是大帆船，所以连起来就是“大帆船港”，谷歌翻译是“波多格尼拉”，也被翻译成“加莱拉港”。

加莱拉港位于菲律宾东民都洛省最西北方的一个地区，距离首府马尼拉大约 130 千米，天然的避风港造就了该地多样性的水下生态及地形水况，是亚洲著名的潜水天堂，也是世界最美丽的天然港口之一。

加莱拉具有比较多样性的水下地形、水况和生物，当地的海兔种类就超过 150 种，还有各种鳗鱼、珊瑚鱼、狮子鱼、麒麟鱼、大型的软珊瑚、巨型砗磲、魔鬼鱼和礁鲨等。海港周边潜水点有 40 个，而且距离都比较近，不同的海域，有些潜点适合微距拍摄，有些适合广角拍摄，可以满足水下摄影爱好者的不同需要。在离加莱拉的沙邦镇大约半小时车程的地方有处叫塔玛劳的瀑布，这是山间一处小瀑布，是隐藏在密林里的小小天堂。人们可一边观景拍照，一边在池边野餐，享受难得的宁静与温情。不管是一路看过来的风景，透心凉的潭水，味道好到爆的 BBQ 大餐，还是现摘现吃的热带水果，都能令人回味无穷。

[加莱拉港]

这里拥有原生态的海湾、阳光、沙滩以及拥有美丽的海底世界，很适合爱好潜水的人们，当地的沙璜湾自 1973 年已被联合国教科文组织列为人与生物圈保护区，拥有全亚洲最多样化的珊瑚礁，当然这需要下潜到水底才能看见。

忘忧岛

马尼拉港

走进马尼拉港，首先看到的是一望无际的蔚蓝大海以及别样的海岛风光：山水相映，既能看到高耸的山又能欣赏碧波荡漾。其次，相似的梯田，成片成片的椰子园，是马尼拉港的又一处风景；马尼拉港盛产玉米、芒果和甘蔗，因此恰逢时节的话，你可以到满是芒果的树上采摘，享受自己的劳动成果。

马尼拉港位于菲律宾吕宋岛西南沿海巴石河口两岸，濒临马尼拉湾的东侧。早在16世纪就成为著名的商港，如今有南港、北港及国际集装箱3个港区，主要码头泊位有26个，岸线长达2931米，最大水深11.6米。装卸设备有各种岸吊、龙门吊、浮吊、集装箱吊及滚装设施等，其中岸吊最大起重能力达80吨。马尼拉港是菲律宾吞吐量最大、现代化程度最高的港口。

[马尼拉港]

见证中菲友好往来的港口

马尼拉是菲律宾的国门，位于吕宋岛西南处，明朝时期，郑和统率巨型舰队至此岛，封祖籍晋江深沪的许柴佬为吕宋总督，在此期间许柴佬不遗余力地弘扬中华民族文化，施行孔儒礼仁之治，传播闽南农渔工商先进技术，大兴造船、纺织、制陶、种茶诸业，为吕宋国社会稳定、经贸发展、文艺繁荣作出了卓越贡献。

[百胜滩瀑布]

不可言喻的地方美景

百胜滩又称北染瀑布，位于马尼拉南部的内湖省，以急流和瀑布著称。百胜滩瀑布落差约有100米，以刺激的泛舟活动而闻名。游人可一路看到由岩壁和热带树木所形成的溪谷美景。在折返点的百胜滩瀑布，水量极

［塔尔湖］

其充沛，喜爱冒险的人可以乘坐木筏穿过瀑布，感受奔流直下的瀑布那如同千军万马奔腾般的冲击力。

离马尼拉不远处，有一个巨大的火山口形成的湖——塔尔湖，湖中有一个小岛，岛上有一个世界上最小的火山，山中间又有一个直径为 1000 多米的小湖，形成湖中有山、山中有湖的奇特自然景观。

菲律宾佛教是从中国传入的。中菲两国在地理上相隔不远，一衣带水，其文化（特别是农业与商贸）关系源远流长。早在周、秦朝代，中菲两民族已有交往。至明、清时期，商贸更为繁密。福建沿海一带居民大量南渡，在菲定居，佛教亦跟随这些移民而传到菲律宾。

山区特色

碧瑶距马尼拉市 250 千米，是海拔 1500 米的山城，是菲律宾的避暑胜地。这里的高山之巅，四季如春，在终年炎热、遍地火炉的国度，堪称一绝，因而被誉为夏都。作为一个避暑旅游胜地，碧瑶不但闻名菲律宾和东南亚，而且在世界上也小有名气。有一位中国外交官如此赞美碧瑶：风光秀美的自然景观可媲美杭州；四季如春的优越气候宛如昆明；峰峦起伏、高低有致的地形不逊重庆。

马荣火山位于马尼拉港东，是菲律宾最大的活火山，海拔 2462 米，被誉为世界最完美的山锥，其上半部几乎没有树木，下半部则森林茂密，在山腰处可眺望太平洋风光。

巴纳威高山梯田距离马尼拉市约 300 千米，梯田开辟在 1500 米高的山上，是 2000 多年前由伊富高民族开辟的。他们用竹子做成灌溉用的水管，建成了迄今世界上最大的人造灌溉系统，宏伟壮观。置身于山脊上的巴纳威旅馆，游人可欣赏梯田美景。

在马尼拉可以看见很多教堂、灯塔等具有异国特色的风景，如果你想摄影，可以在风车旁拍一幅文艺的个人照哦。

［碧瑶市普陀寺］

佛教在菲律宾华人社会普遍流行，尽管高层次的修持实践者及精微哲理的认识者为数不多，但在民间习俗的形式信仰，在华人的日常生活中却随处可见。碧瑶市普陀寺山门“碧瑶胜地”由中国佛教协会会长赵朴初居士题词。

在马尼拉，有这样一种私人的“公共交通工具”，虽然找不到固定的车站，却是招手即停。它在大街上随处可见，可你却找不出两辆相同的。它就是马尼拉街上一道独特的风景——由军用吉普车改造而来的“吉普尼”。绚烂多彩的广告画车身已然成为城市文化的一种代表，张扬却又亲切。至于价格方面，则是有商有量的，甚至可以跟车主商量包车。

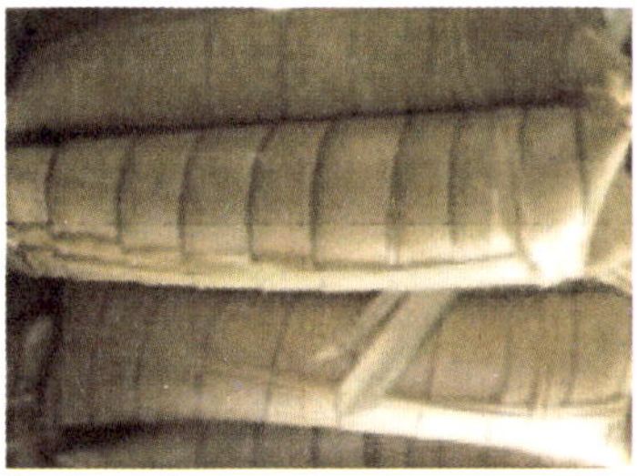
[Suman]

[Pancit 炒面]

[Bulalo 牛骨汤]

菲律宾农村人一般以大米、玉米为主食，佐以各类蔬菜、海鲜、蛋禽及肉类。菜肴喜多放调料，尤喜香辣调味品。虽然不忌食牛肉、羊肉、猪肉，但多数人却厌食用肉类。

娱乐美食

落日时分，马尼拉的夜生活拉开了序幕，作为知名的不夜城，马尼拉随处都有酒吧、夜店、舞厅、KTV 等娱乐场所供人选择。马尼拉人喜爱音乐，夜店都会播放各种音乐，既有强劲的摇滚，也有悠扬的爵士，适合不同喜好的客人，而有些酒吧更有现场表演，将欢乐气氛推向高潮。

马尼拉也是亚洲知名的高尔夫球之城，高尔夫球运动在这里非常受欢迎。马尼拉的高尔夫球场大多属于世界一流水平，而且马尼拉气候宜人，全年都适合打高尔夫球。景色优美也是马尼拉高尔夫球场的特点，这些球场周围到处种植着热带植物，加上四面环水，环境非常优美。很多人到马尼拉来，纯粹是享受打高尔夫球的乐趣。就是对高球没兴趣的随行人士，也会被这儿的美丽景色吸引。

在天气炎热的马尼拉，有冷气开放的大型购物中心就成了游客、中产阶级和小市民们最爱逛的地方。这里不但清凉舒适，更重要的是商品齐全，价格固定，而且经常有大减价吸引顾客。马尼拉的大型购物中心有几十家，无论数量和规模都不次于北京的购物中心。

至于美食，Suman 是菲律宾独具特色的甜食点心，用椰子叶将糯米包起来，类似于中国的粽子；Pancit 菲式炒面，味道微酸甜，用面条、米粉、鸡蛋面、豆面做原料，配以蔬菜、小虾和腊肠；Bulalo 汤在当地最受欢迎，它是用牛骨和牛腱熬制成的，浓厚鲜美，喝后回味无穷，是不可多得的配餐佳品；马尼拉港的芒果干品质很高，口感纯正，与一般果菜干制法工艺不同，不添加色素，表面干爽不粘手，具有浓厚芒果芳香，酸甜可口。

[亚特兰蒂斯酒店]

朱美亚棕榈岛上最著名的景点及酒店就是亚特兰蒂斯酒店，它位于朱美拉棕榈岛的尽头，以古文明亚特兰蒂斯为酒店主题，建筑外观恢宏大气，内部装饰精美奢华。

休闲伊甸园

1 迪拜港

在洒满阳光的白天，你可以看着帆船进进出出，欣赏这忙碌的海港景色；而在夜幕降临之时，一座座风塔上景观灯发出的浪漫光辉会为整个港口铺上一层华美的薄纱，与蜿蜒曲折的运河和外围灯火通明的食肆交相辉映，让人们心驰神往。

迪拜是一个典型的港口城市，交通、运输十分便利，加上当地政府的适时引导，刺激了海湾地区的商业市场和转口贸易，也拉动了当地的旅游业经济繁荣。在这里，不仅有让全世界羡慕的石油资源，也有着让全世界人们心动的美景。

唯一可以公开穿泳衣的地方

迪拜港的朱美拉公共海滩是为数不多免费向公众开放的海滩，其沙质细腻干净，除了各大酒店的私有沙滩，这里是迪拜唯一的能公开穿泳装的地方。朱美拉公共海滩位于帆船酒店的东北方，前方是波斯湾湛蓝清澈的海水，背后则是一排豪华酒店，其中以外形酷似海浪的朱美拉海滩酒店最为醒目。站在迪拜港，就可以看到帆船酒店的顶端。帆船酒店的整体设计都表现出极致奢华的风格，如像巨型橄榄球一样的金色大柱子、自下而上的

迪拜港又名拉希德港，位于阿联酋东北沿海，濒临波斯湾的南侧，是阿联酋最大的港口，也是集装箱大港之一。该港地处亚欧非三大洲的交汇点，是中东地区最大的自由贸易港，迪拜港务局已连续3年被《亚洲货运新闻》杂志评为“中东地区最佳港口”，并被第十一届 AFIA（Asian Freight Industry Awards）评为“最佳集装箱码头经营者”。

[哈利法塔]

哈利法塔原名叫迪拜塔，完工之后才改以哈利法塔为正式名称。

五彩菱形喷泉水池、三角形状的苍穹，蓝绿色为底、白色为帆的墙壁等。朱美拉公共海滩上有公共浴场，可以租借沙滩椅在沙滩上休息，或者去海中游泳、冲浪。

哈利法塔

乘坐升天电梯，2 分钟内就可以到达世界的最高端哈利法塔顶。透过玻璃，那些摩天大楼在人眼前便成了模型玩具，这就是哈利法塔的魅力。在这里提醒一下，登塔的最佳时间在日落时分，这样可以看到白天和黑夜两种不同的迪拜港。

独一无二的音乐喷泉

迪拜音乐喷泉是世界上最大的喷泉，喷出的水柱有 1000 多种变化，可以说是名副其实的千变万化。伴随着阿拉伯以及来自世界各地的曲调，喷洒的水柱在人们面前跳着优雅的舞蹈，就像深谙音乐之道的舞者，随着使用的音乐不同，编排的舞姿也不同。

朱美拉棕榈岛是世界上最大的陆地改造项目之一，它由一个像棕榈树干形状的人工岛、17 个棕榈树形状的小岛以及围绕它们的环形防波岛三部分组成。岛上桥梁、灌溉网络、自来水输送网、天然气管道、通信、卫生系统、电网、公路、海洋俱乐部、消防系统、通往外围环形岛屿等设施应有尽有。该岛将成为一座海上城市，全岛将有 6 万多户居民，5 万多名服务人员分布在全岛 32 家旅馆，数十座商场以及游乐场所为岛民提供各种服务。

伟大的人类智慧——朱美亚棕榈岛

朱美亚棕榈岛是世界上最大的人工岛，是属于迪拜棕榈岛的三个“棕榈岛”工程之一，另外两个则是阿里山棕榈岛和代拉棕榈岛。朱美亚棕榈岛设计图中的每座岛屿包括三部分：“树干”“树冠”和新月形围坝，建造过程中为了准确定位，迪拜使用了一颗私人卫星“伊科诺斯”，它功能强大到足以与俄罗斯和美国的军事卫星相媲美。

如今，朱美亚棕榈岛的部分已完工，从天空中俯瞰全岛的美景，让人有身临其境却又不识庐山真面目的迷惑。岛上唯一能参观的就是大名鼎鼎的亚特兰蒂斯酒店，酒店可以免费进入，可以参观酒店内的水上乐园、水下世界和海豚湾。如果想要奢侈一把，在 Ossiano 餐厅享受一顿海底世界晚宴是个不错的选择。

候鸟与海豚的天堂
埃拉特港

埃拉特港是个十分适合人类居住的地方，夏季凉爽、冬季温暖。埃拉特山区景色优美，抬眼望去都是花花绿绿的美景。由于地理位置的影响，在埃拉特港可以看到一边是寸草不生的戈壁，一边是清澈湛蓝的海水的独特风景。

作为地球上最丰富、最多样化的生态系统，以色列红海南部埃拉特港为之最美。此外，空中的鸟、海港的夜，全方位、立体画似的向人们介绍着埃拉特港。

埃拉特港位于以色列南端，临红海亚喀巴湾顶西北岸，港口有老港、新港和石油港区三个部分。老港区在东北，靠近城镇，又称北码头，港外锚地设有12个浮筒泊位。新港在老港西南约1千米，也称南码头，是该港主要干货码头集装箱。石油港在新港区西南，有北石油突堤和南石油突堤，前者水深17米，可停靠12.5万吨级油轮；后者水深29.4米，可停靠50万吨级油轮，是以色列主要原油进口港。

候鸟天堂

每年春秋两季，大量候鸟在埃拉特郊外水域觅食，补给养分。这些候鸟通常在欧亚大陆繁殖生长，秋季前往非洲过冬，来年春天返回北方。作为连接欧、亚、非三大洲的唯一桥梁，以色列南部的埃拉特港成为候鸟的必经之地，每年吸引数万名鸟类学者和观鸟爱好者慕名而来。

海豚天堂

在埃拉特海豚公园里可以看到在水面追逐嬉戏的宽吻海豚。海豚在埃拉特得到了朋友般的保护和尊重。它们虽然被圈养在一片被称为“海豚公园”的海域之中，但公园有明文规定，不得利用海豚进行任何商业性表演，也不允许游人给海豚喂食，这里对海豚实行自有其严格的饮食制度。

[埃拉特港]

畅浮死海

漂游死海：在死海中漂游要注意，如果身体有外伤，不要下水，因为浓度极高的湖水会腐蚀人的皮肤，让人疼痛不已。另外，眼睛也不要进水，最好戴上游泳镜。

[埃拉特海底世界]

埃拉特享有“珊瑚城”之美称。在海底观赏曼妙的珊瑚世界，看到了珊瑚在摇动，它们是红海里争艳斗妍的鲜花。

埃拉特又名以禄。圣经列王记上 9 章 26 ~ 28 节记载“所罗门王在以东地红海边，靠近以禄的以旬迦别制造船只。希兰差遣他的仆人，就是熟悉航海的船家，与所罗门的仆人，一同坐船出海。他们到了俄斐，从那里得了四百三十他连得金子，运到所罗门王那里。”听见所罗门王可能于埃拉特登岸入境，于是，希巴女王从这里开始其拜访所罗门王历史性的旅程，然后往耶路撒冷。

特殊情结

传说多年前，很多以色列犹太难民逃到了中国的上海，那时候全世界都沉默，而中国接纳了他们，因此以色列人至今依然对中国人存有感恩之情。一进入特拉维夫机场的兑换处，就能看到人民币与以色列当地货币兑换的牌价，这样的待遇在其他国家是不曾遇到的。

乘着邮轮到达埃拉特港之后，一下去便可看到水下瞭望台，进去后可以下潜到 6 米深海底，围在四周的是用玻璃隔开的珊瑚礁群，据说其透明度是世界上最高的，完美地展现一个多彩的海底世界。此外，埃拉特海洋公园可供游客近距离观察红海动物、鲨鱼、海龟以及各种珍稀鱼类。

埃拉特港的夜市十分热闹，有来自非洲的人们在街头梳小辫子，花费一点钱便可得到别出心裁的发型设计。在夜市里，可以购买到以色列著名的死海泥等产品，更有众多的国产商品琳琅满目。也许你可以选择在路边购买一幅画作，听着桥上的萨克斯风，留下永恒的回忆。

信仰的天堂

雅加达港

雅加达港，这是一个行人匆匆、极少能看到有人在路边悠闲看风景的港口。抬眼看去，四面交错的高速公路、摩肩接踵的高楼大厦似乎掩盖了雅加达的海港风景。

历史悠久的老港口

雅加达港是一个历史悠久的名港，在几百年以前，就已经对外输出胡椒和香料。位于雅加达中心独立广场东北部的塔曼维加亚库苏玛公园内，有着距离雅加达港最近的寺庙——伊斯蒂赫拉尔大清真寺，它是印尼最大的一座清真寺。节日期间，这里可容纳12万人同时礼拜，祈祷场面十分壮观。

浓缩地方精华，展现多元文化

踏上雅加达，走进印度尼西亚缩影公园，可以在这里感受整个印度尼西亚的地方风采，感受多元的力量。印度尼西亚缩影公园涵盖了印度尼西亚的27个省，采用模型图以及特色植物展现了它们的文化特色和建筑特

印度尼西亚首都雅加达是东南亚第一大城市，也是世界著名的海港。雅加达是印尼的经济中心，并拥有国内最大的金融和主要工商业机构。雅加达在15世纪时已是重要商港，殖民时代曾是荷属东印度公司总部所在，贸易遍及亚、欧、非三大陆。今雅加达仍有多处大型综合市场和专业商场，每年在此举办雅加达交易会。

[雅加达港]

[国家纪念碑]

[印尼国家博物馆]

印尼国家博物馆建成于1868年，是印尼规模最大、收藏最丰富的博物馆。博物馆是一座欧式的白色建筑。馆前草坪石墩上立有一座铜大象，为1871年暹罗王拉玛五世来访时所赠，故博物馆又称“大象博物馆”或“象屋”。

色。在这里还可以乘小船游览“印尼各岛”，也可以乘空中缆车、小型火车或马车，遍游“全国”，领略印尼各地的风光特色。

为了能更清楚地表现印度尼西亚各地的文化，在公园里会定时上演各地特色风俗表演以及特色美食。园内建有博物馆、图书馆、影像中心、少年宫和儿童乐园，青少年可定期到公园学习传统音乐和舞蹈。其中最醒目的一座建筑物是金蜗牛全景式电影院，每天定时放映“美丽的印度尼西亚”等全景电影。在绿植方面，公园内有兰花花园，涵盖了上百种在印度尼西亚生长的兰花。

自由与独立精神的传播地

雅加达中心广场，又称莫迪卡广场。四周街道宽阔整齐，花草树木点缀其间，绿意盎然。中间的民族独立纪念碑是雅加达市的象征，纪念碑高137米，也是雅加达的最高建筑物，印尼人称之为monas，这座巨型石碑见证了印尼半个世纪的变迁。碑顶的火炬雕塑是纯金打造的，据说黄金有35千克，以它独立精神的寓意，讴歌了印尼人民奋勇抗击荷兰殖民统治的英雄事迹。

印尼国家博物馆位于市中心独立广场西边的独立西街，建成于1868年，是印尼规模最大、收藏最丰富的博物馆。

馆前草坪石墩上立有一座铜大象，为1871年暹罗王拉玛五世来访时所赠，故博物馆又称“大象博物馆”或“象屋”。博物馆中设有金银饰物室、青铜器室、货币室、古物展览室、史前展览室、木器展览室、民俗展览室、东印度公司陈列室等，其中包括

30 万年前爪哇猿人头骨化石、三四千年前中国青铜时代的鼎和鬲、中国古代的陶瓷器和古币、爪哇岛上的象首人身佛像、苏门答腊岛独特的房屋模型以及皮影戏、木偶戏道具等。

几百年以前，雅加达港就已经是输出胡椒和香料的著名海港，称为巽达加拉巴，意思是“椰林密布之地”，或“椰子林的世界”。1527 年，穆斯林首领领导印尼人民打败了葡萄牙殖民者的舰队，收复了巽达加拉巴，把这里改名为雅加尔达，意思是“胜利之城”“光荣的堡垒”，雅加达的名称就由此演变而来。

领略独特饮食文化，品尝特色美食

雅加达的居民大多信奉伊斯兰教，不吃猪肉，以牛羊肉为主。由于当地天气十分炎热，这里的人一般不喜欢吃热饭、热菜，不喝很烫的汤。饭后有喝咖啡或茶的习惯，喝时一般都加糖。印尼人都习惯喝红茶，不少人也开始喜欢喝茉莉花茶和绿茶。但有趣的是，他们对甜食情有独钟，餐后甜点品种十分多样，常见的有炸香蕉及用米粉、糯米粉、面粉、木薯粉、豆粉加椰蓉、糖等制作的各种糕点。

随着港口贸易的日渐繁荣，印尼的饮食文化已趋国际化。在此除了可以品尝到独特的印尼口味，还可吃到世界各地的佳肴，如中国菜、欧式菜、泰国菜、越南菜、日本菜、朝鲜菜、印度菜，应有尽有。

尤其是中国菜，游客走到哪里，都不必担心吃不到中国菜肴，粤菜、川菜、湖南菜、上海菜、山东菜餐馆都有，但粤菜餐馆最多。华人餐馆供应的甲鱼汤，价格比在国内便宜许多，很受华人喜爱。

作为印度尼西亚最繁荣的港口，雅加达港是十分忙碌的，站在瞭望台上看着邮轮慢慢靠岸，感受水手们归家的喜悦似乎也别有一番滋味。许多人对雅加达港的评价是“尽管旅游景点不是那么的丰富，但总觉得物有所值。”

[印尼木雕]

印尼的木雕，尤其是巴厘木雕，享誉国内外，到印尼旅游的外国客人几乎无人不买一两件巴厘木雕留作纪念品。巴厘木雕是一种传统工艺品，它最初与巴厘人的宗教信仰息息相关。

雅加达在 5 世纪出现最早居民点。15 世纪成为重要商港，同占婆、巨港、中国等均有贸易往来。16 世纪被万丹王国占领，易名查雅加达。16 世纪末荷兰人和葡萄牙人在此建立商站，1619 年摧毁荷兰人商站再建城市，称巴达维亚，成为荷属东印度首府，逐步发展成世界海上贸易联络中心，贸易扩及亚、欧、非三大陆，并成为印尼主要城市和行政中枢。1949 年独立后复称雅加达，1966 年定为首都特区。

阿拉伯海的文明起源地

卡拉奇港

走进卡拉奇港，第一眼会看到辉煌壮观的国际航空站和高雅的现代建筑；但之后，又会看到狭窄的小巷、破旧的古城、碎石子小路，让人感叹现代文化和古代文化的完美结合。

卡拉奇港位于巴基斯坦南部沿海印度河三角洲的西南部，濒临阿拉伯海的北侧，是巴基斯坦的最大港口。

港区有货棚及仓库面积达28万平方米，露天堆场47万平方米。大船锚地水深16米。港口出口加工区始建于1979年，面积达500万平方米。

被遗忘的王朝

传说卡拉奇港300年前是极其繁荣的港口，贸易往来十分频繁。这里如今依然保留着两座古老清真寺及古王陵，为莫卧儿王朝时期沙贾汗国王所建，有着典型的波斯风格。这里遗失着属于一代王城的记忆：阿拉伯人远征印度河的悲壮，班霍夫城和沙贾汗清真寺的雄伟奢华，似乎都被时光交付于这些遗落的残垣断壁。看着这些带有历史印记的文物，让人心中不免感慨。

[真纳墓]
真纳墓位于巴基斯坦第一大城市卡拉奇东南面，是巴基斯坦国父穆罕默德·阿里·真纳的陵墓。穆罕默德·阿里·真纳为巴基斯坦国家的建立贡献了自己毕生的精力，在巴基斯坦人民中享有崇高的威望。

探秘古墓

来到卡拉奇，不到真纳墓看看也是一大憾事。真纳港周围是一片片绿茵茵的草坪和各色鲜花，正门路上还有多座喷泉，白色的水柱宛如游龙，碧蓝的天空下，高大而挺拔的椰子树临风摇曳。陵墓四周各有一名士兵站岗，陆海空三军轮流，一天24小时不间断，每小时换一次岗，士兵们持枪正步走，值班军官大声喊口令，这也成为这座陵墓的特色之一。

入夜到来，明亮的探照灯光从四周不同的角度照射陵墓雄伟的建筑，又是另外一番景象。

海滩驾马骑骆驼，其乐无穷

漫步在卡拉奇港附近的克利夫顿海滩，欣赏黄昏时分的日落美景，也是一大享受。在海滩上有骆驼和马可以供游客租乘，站在黄沙石凉亭里可以尽览周围景色。美丽宁静的海滩周围散落着这个城市精致的住宅，海滩上有传统巴基斯坦食物。海滩周边有卡拉奇最大的购物中心 Dolmen Mall 和一个非常大的麦当劳，非常适合娱乐消暑。

塔塔是巴基斯坦古城。一译“塔达”，位于卡拉奇东南 100 千米的印度河畔。17 世纪中叶，这里是莫卧儿王朝伊斯兰学术文化的中心之一。后几经战乱，逐渐衰败。现只存有数十座清真寺、陵墓等古迹，被称为“逝去的城市”。已修复的沙·贾汗清真大寺是莫卧儿王朝的沙·贾汗于 1647 年下令修建的，由两部分组成，前面是林园、喷泉、草坪，后面的寺院有宽阔的礼拜广场，在讲经堂内的拱门上饰以几何图案和花卉，其中交织有书写的《古兰经》经文和铭文，礼拜殿凹壁朝西。

饮食习惯

卡拉奇人喜欢吃香辣的食品，他们用胡椒、姜黄等做的咖喱食品闻名世界。这里的菜，无论是肉、鱼、豆类，还是蔬菜，绝大多数是辣的，泡菜也是辣的。他们没有炒菜的习惯，无论是牛羊肉、鱼还是各种豆类、蔬菜，均炖得烂熟。常见的菜肴有西红柿、土豆沙拉、炖豆、用西红柿辣椒汁做成的炖鸡。

卡拉奇人的主食为面粉和大米，人们普遍食用西式点心和面包。大米常常加上各种佐料做成黄油抓饭和肉抓饭。另一种染有颜色的甜米饭是婚宴的必备食品。他们吃饭不用刀叉、筷子，而是在净手后用右手抓着吃。无论在城市或乡村，盛饭盛菜都用浅口盘子，大概是适宜盛饼的缘故。

[老城的废墟]
在印度河流域一带，遗址中所含有的历史信息资源是最富有的地区之一，巨大的墓地中安置着莫卧儿王朝的王室家族、学者及圣人的墓穴，同样，还有额众古纳统治者及塔克罕的统治者们。

卡拉奇人喜欢喝奶茶，无论在机关、学校、工厂企业还是街头巷尾，茶馆和茶摊比比皆是，人们渴了、饿了、累了、乏了，都要到茶馆喝一杯奶茶。奶茶馆的生意十分兴隆，这还与老板、伙计热情周到的服务态度是分不开的。人们从茶馆门口经过，老板或伙计会热情地招呼你进去喝茶，即使不喝茶，也要拉着你坐一会儿。茶馆既收现金，也可赊账。喝奶茶是卡拉奇人世代的嗜好，奶茶是他们天天不可缺少的饮料。因此，卡拉奇可以说名副其实的“奶茶王国”。

古老的港口，充满故事的卡拉奇港街道，值得人慢慢欣赏，仔细回味。

[亚喀巴港]

一边海水一边沙漠的地方
亚喀巴港

一边是阳光灿烂的海滩、蔚蓝的天空和清澈的海水，一边是荒无人烟的沙漠地带，这就是亚喀巴港。你可以肆意地在海底潜水在海上冲浪，也可以到沙漠上冲沙，独特的经验，极致的享受。

亚喀巴港位于约旦西南沿海亚喀巴湾的顶端东侧，港区主要码头泊位有18个，其中磷酸盐泊位可泊10万载重吨散货船舶；集装箱泊位有2个，岸线长达500米，可泊7万载重吨的集装箱船；新油码头最大可靠30万载重吨的超级油船。主要出口货物为磷酸盐、钾碱、水泥及化肥制品等，进口货物主要有粮食、化工原料及杂货等，其中大部分属中转货物，主要是伊拉克的货物。

精彩多样的户外活动

亚喀巴港以其海滨度假地和奢华的饭店而闻名于世，饭店可以为游客们提供潜水、风帆冲浪等海滩娱乐活动。由于城市部分区域处于沙漠地带，因此游客也可以在沙漠露营，享受一边是海水、一边是沙漠的独特感觉，这就是亚喀巴港。

在贝都因人的沙漠营帐外沐浴着满天星光、享受美食是不可错过的美景之一。

亚喀巴湾水深浪平，海水如蓝宝石般晶莹而深邃，由于赤道暖流和海风的影响，这里即使是在冬季，平均水温也有15℃以上，适宜开展各种水上运动。湾内璀璨的珊瑚礁呈现出瑰丽的色彩，五色斑斓的游鱼点缀其间，有可爱的小丑鱼、毕加索老虎鱼和鹦嘴鱼，也有貌似凶悍其实却以浮游生物为食的鲸鲨，还有一种神出鬼没地生活在海藻中的鳗鱼。乘坐玻璃底小船观赏海底世界，或下水在珊瑚间与鱼共舞，是约旦之行中意想不到的惊喜。

珊瑚岛像亚喀巴湾中的一颗珊瑚珠，镶嵌在碧蓝的海水中。它距以色列和埃及边界都只有 5 千米，有人认为，珊瑚岛是《圣经》中提到的以旬迦别港，是“王道”的终点。虽然不知真相如何，但现在岛上仅存一座 12 世纪撒拉丁城堡的废墟似乎有故事可寻，大量游客或者是真相探究者，从一个国家到一个国家急匆匆地来往穿梭着。

亚喀巴湾给人留下的印象最深的，除了美景之外，还有历史沧桑。阿克巴是一个很奇怪的地名，它的阿拉伯语意思是“障碍”，因其南临红海，北靠两座大山，山势险峻，似难以逾越的屏障。

[亚喀巴附近的藏宝洞]

亚喀巴港附近的古城佩特拉，第一眼看到的就是卡兹尼，这座“藏宝洞”是佩特拉最宏伟的遗迹，正面高 43 米，宽 30 米，完全由玫瑰色的山壁雕琢而出，很难定义它是属于建筑还是雕刻作品。

独特的饮食习惯

作为约旦唯一的港口，在亚喀巴港可以吃到相对品种丰富的鱼类和海鲜，也因此产生了一些阿拉伯风味的鱼类特色菜，如 sayadiya。

其次，由于游牧的生活方式和沙漠里恶劣的生存环境，当地人形成了独特的饮食习惯。他们做饭不用很多香料，却要加很多盐，一方面是防止肉变质，另一方面在沙漠中吃盐能留住身体水分，防止脱水。

古老岩洞里的特色酒吧

亚喀巴古城中有各种各样的酒吧，很多开在古老岩洞里。昏暗摇曳的灯光、低缓如诉的音乐，铺泻在千年岩壁之间，选一个角落坐下来，点一杯本地的 araq 或 amstel，也是不错的体验。

关于卡兹尼宝库的用途有 4 个传说：

- 那霸田人用来存放从埃及抢得的大批财宝的宝库；
- 那霸田国王的陵墓；
- 祭祀埃及神话中掌管生育的女神爱瑟斯（Isis）的神殿；
- 《阿里巴巴与四十大盗》里那个要说“芝麻开门”才能进入的宝库。

金色的港湾

斯里巴加湾港

明媚动人的阳光，热情洋溢的文莱居民，是走进斯里巴加湾的第一感受；生活惬意的人们，脸上总是带着淡淡的笑容，这是一个能让人感到幸福的地方。生活在这里的人们大都享受慢节奏的生活，无须为生活担惊受怕、尔虞我诈。你可以接触到热情的人们，并不用担心会被骗。拿着一个椰子，坐在海滩上看着人们肆意玩耍，何尝不是一种享受。

斯里巴加湾港位于文莱东北沿海文莱河口，在加里曼丹岛的北部，濒临文莱湾的南侧。港区主要码头泊位岸线长223米，涨潮时可靠泊5000吨级船舶，大型远洋船舶都在麻拉港装卸。主要出口货物有原油、木材、橡胶、椰子及樟脑等，进口货物主要有食品、机械、运输设备、工业品及药品等。

金碧辉煌的清真寺

斯里巴加湾港在1970年以前称文莱市，是文莱国的海上门户，附近的奥马尔·阿里·赛义夫丁苏丹清真寺是文莱规模最大的清真寺，它的建立是为了庆祝文莱国王苏丹登基25周年。该寺规模宏大，由主体建筑和尖塔组成，主体拱顶与四周的尖塔均镀24K纯金，远远望去闪烁着华丽庄严的金色光辉，使得整座寺院显得雍容、壮观。清真寺的拱顶在斯里巴加湾市内各处户外都能看见。

[奥马尔·阿里·赛义夫丁苏丹清真寺]

清真寺位于文莱河畔一个人工湖上，通过一座长桥和一个名为Kampong Ayer的水上村落相连。清真寺由大理石尖塔和金色的拱顶组成，镀以纯金，高达52米，在斯里巴加湾市任何地方都可以见到。

精致独特的水上建筑

水上人家位于斯里巴加湾港市区，居住了近 4 万人，整个村子的建筑都是通过桩子打在文莱河的河床上，从远处看，就像浮在水面之上。村落有木质通道连通，还有各种快艇和小船充当水上交通工具，方便大家出行。当时政府曾想将这独特的水上屋拆除，但因当地人的强烈反对而失败。一边是高楼林立的现代化城市，一边是简单落后的水上村落，或者这才是水上屋独特的景致所在！

博而基亚清真寺又称杰米清真寺，文莱最大的皇家清真寺，是文莱第 29 任苏丹于 20 世纪 90 年代建造的，大清真寺屋顶共有 29 个圆拱金顶，由 45 公斤黄金做成。

[苏丹纪念馆警告须知]

苏丹纪念馆，是在 1992 年建立的。这座纪念馆是世界上最大的私人住宿处，展览馆展出了现任苏丹登基时所用的传统御用战车、皇冠、令牌、皇室活动相片等，各项皇室珍藏，林林总总，均为苏丹陛下以及皇室成员在重要庆典活动上，使用过的物品，可说是皇室的博物馆。

珍贵的皇家礼仪博物馆

皇家礼仪博物馆位于斯里巴加湾市中心，又名苏丹纪念馆。这里主要展示苏丹登基时的御用物品和苏丹收到来自世界各国的珍贵纪念品以及礼物。礼物主要是来自各国政府，也有一些来自文莱各地的民众。这里还有一个专门的展厅展示皇室贵族成员的照片，及各种皇室成员穿过的服装、戴过的皇冠以及用过的权杖等。

斯里巴加湾市的饮食体系还是很完整的，最多的是经营当地类似马来西亚口味菜式的餐厅和西餐厅。另外，在这个城市里中餐厅也占着很大比例，因为文莱有很多的华人，所以到文莱旅游就饮食口味上来说是会感觉到亲切的。斯里巴加湾也有属于自己国家的特色快餐，特别要提到的是，当地的马来人有一种独特的招待客人的食物，就是把佬叶和着蜂蜜以及食用石灰一起咀嚼，假如有幸吃到这道“小食”，也算是游客的一个小收获吧。

[水上人家]

这个历史悠久的村落目前生活着 4000 多户近 2 万人口，占据文莱人口的 5% 左右。这里不光是民居，还有水上警察局、消防局、学校、教堂等建筑。

印度洋上的“珍珠”

仰光港

烟雨中的仰光港，隐藏在一艘艘邮轮中，神秘又可爱。在日落时红霞满面，海面上似乎蒙上了一层红色的薄纱，让人忍不住想去掀开瞧瞧真实的仰光港。

仰光港于1852年建成，位于缅甸中南部，伊洛瓦底江三角洲东侧、仰光河左岸，南距安达曼海莫塔马湾24海里，万吨级海轮可候潮入港。是缅甸最大的港口，也是世界主要的稻米输出港之一。

发光的不仅仅只有宝石

仰光的宗教气息浓厚，有许多大大小小的佛寺，其中最为著名的就是仰光大金塔（2500多年前），塔高110米，塔面涂了一层黄金，所说有720吨之多，塔顶镶嵌的是金光闪耀的3000克拉的宝石，在阳光的照耀下，整个建筑显得十分宏伟和奇妙。

[大金塔]

相传塔下藏有佛祖释迦牟尼的八根佛发。是著名佛教建筑和人类文化遗产，在缅甸百姓心中有至高无上的神圣地位，已有2500年的历史。

另外乔达基卧佛寺有一尊6层楼高的巨大卧佛，长20米，高5.4米；卧佛的眼睛以玻璃镶成，并由一位中国画家点出眼睛，神态慈祥豁达。卧佛四周没有墙壁，佛的两只脚一前一后，脚底有108个图案，代表着108次轮回，以手为枕头，双眼注视着盘跪在地的虔诚信徒。人们可以在这里领略佛教文化，感受信仰的力量。

寻味美食集散地

仰光港的港口贸易十分繁荣，来往的人大都来自世界各地。餐厅以国际化美食闻名，其景观亦引人入胜。但如想享用传统的广东菜或美味的点心，夏宫将是一个绝佳的选择。

风景如画的地方

曼谷港

当邮轮缓缓向曼谷港靠近，你可以看到，时有小渔船从旁边划过。河水两岸绿树葱茏，浸泡在河水里的部分树木，水面上的树木枝繁叶茂，密密实实地遮掩住了整个河的两岸，构成了曼谷港独一无二的风景画。

钟声磬声诵经声，声声入耳

曼谷的佛教历史悠久，佛寺庙宇林立，建筑精致美观。走进曼谷港，每天早晨，都能看到香烟袅袅，听到钟声悠悠，磬声清脆动听，诵经之声不绝于耳。寺庙里的和尚、尼姑在街上行走，逐家化缘，成为街头的特有景观。

曼谷港是泰国第一大商港，也是世界二十大集装箱港口之一。位于泰国中部湄南河下游，濒临曼谷湾的北侧。曼谷码头沿湄南河两岸分布，年吞吐量约 1500 万吨，泰国 95% 进口货物和 75% 的出口货物由此出入。该港为日潮港，平均潮差 1.4 米。港区主要由东、西两个码头组成，西码头停靠普通船，东码头以集装箱为主。

潺潺流水声，滴滴入眼

湄南河是泰国的母亲河，在陆运不发达的年代，它发挥了至关重要的运输作用。湄南河的源头可以追溯到喜马拉雅冰川附近，但流经多个国家，导致这里水质并不清澈，翻腾的浊水，给人一种历史的厚重感。湄南河畔有许多的文化古迹，沿途可以看见郑王庙（黎明寺）、大皇宫、玉佛寺等。

游览湄南河的方式有很多种，有专门供游客使用的游船、夜晚免费游览直流的船只或者和当地人一起坐公一般大家只知道泰国首都名字为曼谷，其实曼谷的正式名字是全世界最长的地方名字，总共由 167 个字母组成，意为天使之都，翻译成中文意思是“天使的城市，宏大的城都，佛祖的宝珠，佛祖战争中最和平伟大的地方，有九种宝玉存在的乐都，很多富裕的皇宫，住了权威的神，佛祖以建筑之神再兴建的大都会”。泰国为了便利兼顾外国游客，便将首都简称为曼谷。

交轮渡来游览。沿途所见，有最为市井的一面，破旧的木质吊脚楼被混浊的河水拍打侵蚀；也有曾经的辉煌，大皇宫绚丽的屋顶、郑王庙高耸的佛塔；还可以看到现代的曼谷，夜晚甚至可以看到摩天轮的点点星光。

油条肉串排骨，道道美味

曼谷街道两旁，以油炸类食品为主，小吃摊比比皆是。摊主们大多现做现卖，用炭火架着油锅，主要售卖炸油条、烤肉串儿、炖排骨等。最为稀奇的是剥了皮的香蕉，用慢火炸成金黄色，味道尚可。另外鲜花也是这里的主要商品之一，各色各样的花儿，着实讨人喜欢。

另外，有一道不得不提的美食就是泰式咖喱蟹。泰式咖喱蟹是泰国的一道名菜。在曼谷，几乎每个餐厅的菜谱上都有这道菜。这道菜的由来也很有趣，据说一个泰国厨师长工作时偷偷饮醉酒，误把咖喱粉当作胡椒粉放入蟹中，食客吃后觉得味道很特别。数日后，食客再次光顾，要求再次享用此菜，厨师只好将错就错，在炒蟹中继续加入咖喱粉烹制后给食客吃，泰式咖喱蟹就由此流传开来。

[曼谷港街市夜景]

柬埔寨的“普吉岛”

西哈努克港

海面上零星有几艘返港的小渔船，海边嬉戏的小孩儿。当太阳慢慢下山，夕阳红洒落在海面上，微微荡漾的海水让人眩目。

西哈努克港，简称西港，以西哈努克亲王名字命名，是柬埔寨的海港，建于1950年，战乱时期曾改名为磅逊港，20世纪90世代又恢复了西哈努克港的名字。西哈努克港非常安静，海水清澈透底，在海边浮潜，常常有透明的、巴掌大的小鱼围绕四周。幸运的话，还可以看到小丑鱼，这里的白色沙滩上的白沙非常细，海滩平缓，游出50米，仍然能够只有1.4米深。在海边，吹着徐徐的海风，等日落染红天空是件非常惬意的事情。作为一个新光岛屿旅游地，其风光沙滩不亚于马尔代夫和帕劳。

另外，竹岛是西哈努克外海域的一个离岛，这个小岛未经开发，整体环境非常的原生态，浅滩的水位刚好没过脚面，轻轻地行走在这一片翠绿的浅滩，会时不时看到有小鱼或者小螃蟹与你的脚擦身而过，非常的可爱而灵动。

西哈努克港位于柬埔寨西南海岸线上，濒临泰国。从首都到金边有国家公路NH4相连，距离约270千米．是柬埔寨唯一的现代化商港，也是最适合旅游的黄金海岸。

该港主要分三部分：
(1) 突堤码头岸线长280米，可泊吃水9.5米的船。
(2) 新港可泊6.5米的船。
(3) 油船系船浮有2个，水深为13米。

[西哈努克城海滩]

[西哈努克港标志]

多样度假沙滩

西哈努克港不仅是外国游客的度假天堂，也是柬国富人的旅游胜地。

西哈努克港有三个很出名的海滩：胜利海滩、独立海滩和索卡海滩。胜利海滩既有现代的大酒店也有原始礁石的度假海滩；独立海滩是看西哈努克港日落的最佳点；索卡海滩有西港最漂亮的沙滩和最好的五星级度假酒店。

柬埔寨国王是终身制但不是世袭的，国王去世后由首相、佛教两派僧王、参议院和国会正副主席共 9 人组成的王位委员会从王族后裔中遴选产生新国王。

避暑胜地

波科山是柬埔寨的国家森林公园，也是有名的避暑胜地，这里植被茂盛，瀑布飞泻，环境清幽。奥彻迭海滩则是当地人最喜欢的海滩，当然也是游客们喜欢的一个海滩，海滩边还有许多的特设小酒吧、餐馆等，可以在海里游泳，玩沙滩排球，玩累了还可以来点饮料和美食，那种满足的感觉，绝对让人难以忘却。而另两个海

1970 年因当时的国王诺罗敦 · 西哈努克支持越南抗美，被美国扶持的柬埔寨人朗诺推翻了。西哈努克从此长期流亡、寄居北京。1993 年在联合国主持下成立了柬埔寨王国，西哈努克王朝复辟。现在的柬埔寨国家体制是君主立宪制，政治体制照搬了西方的议会制。

[西哈努克城海滩特设小酒吧]

滩则主要是高档酒店的聚集地。

海鲜大餐

来到西哈努克港自然不可错过各式各样的海鲜，在这里可以随时随地品尝到新鲜的海产。在奥克提尔和珍宝海滩上就有很多商贩，夜幕降临后金狮转盘周边的大排档一条街上的特色海鲜烧烤绝对让你垂涎，背包客聚集的珍宝路上也有很多海鲜餐厅。

蛇屋是一般人无法承受的公园景观式餐厅。这里汇集了来自世界各地的蛇，聚集了水陆空三地的多种动物，甚至可以说是一个微型动物园。

蛇屋的另一个职能，是餐厅。这个餐厅就餐的地方周围都是蛇笼，当然蛇肉也是这里的特色小吃，因此在这里用餐，也成了一种挑战和特色。

西哈努克港目前是全柬唯一一个经济特区，其地位类似于我国的"深圳"。

烤蛇

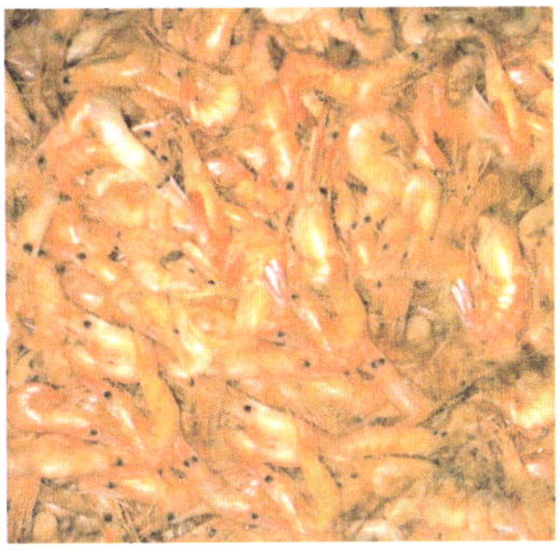
大虾

烤鸟

炸蟋蟀

[西哈努克港周边小吃]

东方十字路口

科伦坡港

科伦坡港是一个美丽的海港，海边椰树夹道林立，树影婆娑，气候宜人，居住有僧伽罗、泰米尔、摩尔、印度、柏格、印欧混血、马来和欧洲等许多个种族；在科伦坡老城街头，昔日建造的印度教、佛教庙宇以及伊斯兰教的清真寺和基督教的教堂交相辉映，多元文化融合得非常和谐。

科伦坡港又名科伦坡港人工港，是世界上最大的人工港口之一，也是欧亚、太平洋、印度洋地区的世界航海线的重要中途港口之一。始建于1912年，但科伦坡港作为世界性的港口至少有400多年的历史了。早在公元8世纪时，科伦坡港就已经成为商贸重镇，14世纪时，中国商人频繁来到科伦坡港进行商贸活动，19世纪英国在斯里兰卡殖民时期，修建了斯里兰卡科伦坡港。

港城风景

科伦坡市内的街道上到处栽有被称为斯里兰卡国树的铁木树和国花的睡莲，但更多的是耸入云霄的椰子树。还有许多奇特的树，如“雨树”，它是一种傍晚树叶吸收水分，直到太阳东升后，叶子伸展，水就像雨滴似的洒给树下的植物。这里还是乌鸦（斯里兰卡人称为“神鸟”）的天堂，成群结队的乌鸦在市内空中盘旋，遮天蔽日，叫声震耳欲聋。

绿地海滩

加勒菲斯绿地位于科伦坡历史悠久的海边商业区，

[冈嘎拉马寺]

冈嘎拉马寺里面供奉有释迦牟尼、观世音菩萨、关公、大肚弥勒佛等来自中国的诸神。

[科伦坡港]

斯里兰卡科伦坡港在公元700年左右为穆斯林商业城镇，命名“卡兰巴”。16世纪葡萄牙殖民者建立军事要塞，改今名。

靠近海岸线，风景优美，是科伦坡极为著名的旅游地。蒙特拉维尼亚是离科伦坡市中心最近的沙滩度假胜地。蒙特拉维尼亚因那栋前英国总督府改造的海边酒店而闻名，沙滩也被蒙特拉维尼亚酒店分割成两部分，一部分由酒店私有，一部分供当地人玩耍。酒店私有的沙滩，游客也可以进去享用。

市政厅

科伦坡市政厅号称斯里兰卡的小白宫，对面的维哈马哈德维公园也是市政厅的一部分，是科伦坡市区最大的公园，冈嘎拉马寺是一座典型的斯里兰卡风格寺庙。斯里兰卡是一个崇尚宗教的国度，一条街上佛教寺庙一墙之隔就是清真寺，而清真寺的不远处可能是一座天主教堂。

快乐老港

金奈港

金奈港的又称马德拉斯港，坐落于孟加拉湾的岸边，以其丰富的文化遗产而著称，其中，著名的景点有七大寺庙、波切克宫、最高法院等。

金奈港前身名为马德拉斯，是南印度交通枢纽，1996年它的名称被官方改为金奈，但是旧称马德拉斯仍被广泛使用。金奈的主要街道大多呈南北向。城西和西南部为高级住宅区，有岛地空间和公共建筑相隔，工业区分布在城北和西北郊区，尤以铁路和公路沿线发展迅速，在市区最西南和南部，为新居民区。居民住房密集，一般按不同阶层和宗教信仰构成传统的居住区。临海一面是港口、码头和海滩等。金奈别致的欧式建筑、古朴的印度寺庙、银行、饭店、旅馆等建筑都很豪华气派。

游艇码头海滩非常热闹，人非常多，但其实并没有游艇，许多宾馆打着“Palace”“Paradise”的旗号，其实里面只有一张床。临近傍晚，东海岸的日落光线照在身上色调很暖，孟加拉湾的浪很大，海风很猛烈，也是一种别样的景象。在海边游玩的印度人通常是穿着长裤T恤或直接裸泳。海滩上的年轻男女通常玩的游戏是印度特色“抓人”游戏，虽然满身沙子，但每个人的脸上都是灿烂而充满朝气的笑容。

金奈的居民大多崇尚随遇而安，最重要的是享受眼前的快乐。人生苦短，适时享受也不失为一件乐事。

金奈港位于孟加拉湾，位于印度半岛东南岸，离市区大约有40千米的距离。金奈的港口有停泊的位置25个，最深可以吃水17米，而且作为一个贸易港口，这里主要是集装箱往来，集装箱的泊位岸线有600米，这里的浮吊的载重可以达到120吨。每天都会有船只往来，但是这里的环境不太好。

[金奈港提鲁瓦鲁瓦纪念馆]

不光在金奈港，乃至在整个南印度，就是小学生都能背诵他的诗篇，人们崇拜他如同崇拜印度教中的神。和其他印度圣徒一样，提鲁瓦鲁瓦的身世隐没在历史的迷雾中，甚至连他的出生时代也有不同说法。有研究者说他曾经是科摩林角古老王国的国王，与释迦牟尼一样舍弃荣华飘然远去。

东方巴黎

胡志明港

胡志明港的港区内遍布着法式建筑，她的旧称“西贡”也始终让人念念不忘，这是一座怀旧的城市。

胡志明市又名西贡，提起它脑海中首先闪现的是杜拉斯笔下《情人》中的西贡，那是弥漫街头晦暗的、暧昧的、忧伤的气息。由西贡到胡志明市，名字的变更记录着历史的演变。这里环境优美，名胜众多，是旅游、观光与怀旧的理想去处。

[胡志明港]

越南一面全部临近海洋，海岸线长3200千米，所以港口特别的多，而胡志明港就是其中最大的一个。

胡志明市商业发达，曾有“东方巴黎”之称。胡志明市没有独特的名胜古迹，没有宽阔的马路，也少有现代化的高楼大厦，但法式建筑较多，如饭店、教堂等，这些建筑具有浓厚的法兰西文化风格和很高的观赏价值。法国人曾在这里用心经营，也把法国式的生活习惯和情趣烙印在西贡的举手投足之间。

红教堂是西贡最著名的地标建筑，位于西贡市中心，是最热闹和繁华之处，中央邮局就在其左侧，十分便利。教堂原名为西贡王公圣母教堂，因其使用红砖建造故而得名，建造所用红砖全部从法国运来，百余年过去，色泽依然鲜明，毫无褪色。

大教堂仿照巴黎圣母院钟楼的设计，造型匀称，庄严雄伟，两座塔楼高达40米，直入云霄。教堂前还有一座重达4吨的圣母玛利亚雕像。教堂外部门廊等部位布满精美雕饰，内部四周均为小祈祷室，每一间的神龛、雕塑及装饰均不尽相同，于变化中尽善尽美。

胡志明港又称西贡港，位于越南南部湄公河三角洲之东北，是越南南方最大港口，万吨远洋轮可入港装卸。胡志明港目前有三个码头，分别为：新港、泰来港、越南国际集装箱码头。其中后两者为老港，前者是新港。一般到老港的海运费比到新港要低一些，挂靠的船公司也多一些，但有时港口会拥挤一些。

印度洋绿宝石

槟城港

槟城港以槟榔树而得名，并有“印度洋绿宝石”之称，这里既有美丽的海滩与原野风光，又有众多的名胜古迹。

槟城港位于马来半岛西部沿海的滨铆屿东北角，濒临马六甲海峡东北侧的入口处。又名乔治城，是马来西亚的第二大港，是著名的转口贸易港，它是西马来西亚北部主要物资集散中心。20 世纪 80 年代，横贯西马来西亚北部的东西（北海—哥打巴鲁）大道通车，兴建 8000 米长连接槟城与大陆的槟威大桥，密切了槟城与西海岸带的联系，扩大了腹地。槟城港占马来西亚全国各港总吞吐量的 25%，主要出口橡胶、棕油、锡与木材，进口燃料、糖与肥料。

离槟城市区不远的港城有这么一座华丽的蓝色房子，如果去当地打听，几乎人人都知道它的所在，而建造者是素有“东方洛克菲勒”之称的华裔商人张弼士。

这位 16 岁离开中国广东的客家少年，创造了一个身无分文、白手起家，最终建立遍及东南亚的庞大金融帝国的传奇，他足遍东南亚与中国大江南北，住过的豪宅难计其数，但经过近百年的风风雨雨与战火洗礼，完整保留下来的屈指可数。而槟城正是他除了家乡之外最钟爱的城市，于是 19 世纪 80 年代，张弼士出巨资建造了这座中西合璧的华美建筑，现在被称为张弼士故居，又因其墙面的颜色俗称蓝屋。

[张弼士故居]

张弼士故居不仅是马来西亚现存最大的清代中国园林式豪宅，在整个东南亚，同类的百年巨宅恐怕也找不到第二座，据说外墙的蓝色，是采用槟城当地一种蓝花，将其榨汁后涂在墙上，据称可以永不褪色。

[槟城港唐人街]

槟城还有着“东方珍珠”的美誉。近代，孙中山先生曾在此策划著名的“黄花岗起义”；徐悲鸿、郁达夫等文化名人也曾在槟城落脚。

走进槟城唐人街

槟城港区附近的唐人街充满了喧闹连天的活动，特别是在华人节庆的时候，更是热闹非凡。这里有许多经营传统生意的商店。唐人街也设有华人庙宇、兴都庙及回教堂。在此处闲逛、参观甚至乘搭三轮车环游一番，肯定是乐趣无穷的。唐人街的特色是它永远有大大小小的活动在进行着，从庙宇的庆典活动到早市农业市场，以及晚上的夜市商场等。在唐人街上让人似乎感受到了19世纪移民来此的华人生活状况，这里有很多祠堂、庙宇和商店，充满中国传统色彩，让人像回到昔日的中国。

[槟榔山]

槟榔山由槟榔屿州一系列山峰组成，最高峰海拔833米，山上年平均气温21～27℃，非常清凉舒适，而且山间野花盛开，树木葱郁，小溪流水潺潺，景色十分秀美，是夏季避暑度假的绝佳去处。

走进槟榔山

槟榔山气候清凉宜人，可尽览整个槟城的风景，还可瞭望远处绿色的马来半岛。一望无际的蔚蓝的大海与郁郁葱葱的马来半岛在色彩上极为协调，美不胜收，不到这儿是体会不到“东洋珍珠”的真正韵味的。入夜后槟城以及航船上的灯火如宝石一样璀璨，令人乐而忘返。山上有餐厅，当游客饱览槟榔山秀丽的风光后，可以在此休息。

阳光海滩

槟城最不能错过的景区就是巴珠菲冷宜海滩，这里水清沙细，是东南亚久负盛名的海滩胜地，以兼有山海之胜而著称，既有连绵的黄金海滩，浩渺海面，又有秀美清幽的山峦。巴珠菲冷宜处处焕发着青春的活力，看起来是个很年轻的小镇但实际上却很古老。海滩上拥有洁白柔软的沙子，浩渺的海面及成片的棕榈树，风景十分秀丽。

肉骨茶是娘惹文化中的著名美食，当初南渡来当采锡矿工的华人先辈们，因为常年需浸泡在矿湖内，地下水寒气侵心，又积劳成疾，许多人客死异乡。后来有一位稍懂医理又怀有仁心的锡矿场老板，体恤矿工们的疾苦，就吩咐厨房每天熬了一锅药材骨头汤让员工驱寒。时光流逝，肉骨茶不仅仅是一种享誉海内外的美食，更讲述了早期远赴南洋的华人努力融入当地的艰辛奋斗故事。

以华人命名的港口

三宝垄港

三宝垄港临爪哇海，景色优美，有山、河和峡谷。港区内矗立众多办公大楼、商务中心、工业场地聚集在低地上，山麓一侧则坐落着许多带有美丽花园的房屋，是饱览城镇和海面的景色的绝佳位置。

三宝垄港（华侨称垄川）位于印度尼西亚爪哇岛北海岸中部，濒临爪哇海的南侧，是印度尼西亚的主要港口之一。港口主要码头泊位为 1985 年建成的远洋杂货码头，岸线长 605 米，水深达 9 米，可以同时停靠 3 艘万吨级船舶。有各种拖船及驳船协助装卸使用。它是印度尼西亚的第四大城市，又是爪哇岛的农产品和手工业产品的集散地。

［三宝庙］

探究中华文明

三宝垄港与中国有着一段深刻的往事，这里处处都有华人的印记，“三宝垄”的名字就起源于中国的航海英雄——郑和。在国外用中国人命名的城市十分少见，绝无仅有的三宝垄记载了一个民族的伟大、光荣和走向世界的勇气和气魄，在这里，华人和爪哇人继承了郑和勇于开拓的精神，共同创造了三宝垄的辉煌历史和美好现实。

为了纪念此段历史，修建了三宝庙。经过数百年的沧桑更迭，它几经焚毁，却又几经修葺扩建，终成今日之规模。寺庙正殿的背后，郑和下西洋的历史还被刻成等身的浮雕，形象生动地记录了郑和到达爪哇的故事（图案是上海交通大学设计），据说每年阴历六月二十九日，当地华人都会抬着郑和的金身塑像从这里出发前往数里之外的三宝庙巡游，以纪念郑和下西洋的丰功伟业。

兼收并蓄的大清真寺

还有一个不得不说的景点就是中爪哇大清真寺，其建筑式样结合了拜占庭、罗马和东南亚的建筑特色，位于大殿顶上的圆形主拱顶和建筑群外的四支巨大的雨伞以白色为主，素洁淡雅，庄严肃穆，颇具国际风格。置身 99 米高的尖塔可以将三宝垄尽收眼底。

风筝飞翔的港湾

巴西古当港

巴西古当港阳光充足，气候宜人，拥有很多高质量的海滩，千姿百态的洞穴，还有古老的民俗民风都能让人十分惊叹。

巴西古当港所在的柔佛州，是马来西亚半岛最南端的一个州属。该港拥有非常长的海岸线，其西边面向马六甲海峡，而东边则朝向南中国海，因而保留有无数个黄金沙滩及美丽迷人的岸外岛屿，海水清澈，非常适合潜水。

在巴西古当港，可以品尝到世界各地的美食，如中国菜、印度菜和葡萄牙特色菜等随处可见，令人垂涎三尺，欲罢不能。当然也少不了要品尝正宗的马来菜及各地小吃。

在马来西亚本土找得到的天然调味配料在马来食物中扮演着非常重要的角色，突出了马来食物的显著特色。椰子、辣椒、柠檬草、酸橙叶和各种香料都是马来食物中基本的调味，一般加入鱼类、肉类或蔬菜里一起烹煮。另外，还有一种传统的用餐佐料称为三巴辣椒酱，是采用辣椒、虾酱和一些调味料制作而成的。

如果想购物的话，这里有许多本地原创的手工艺品，从花纹繁复的银器、铜器、锡器到陶瓷、藤制品及柳条制品。艺术品包括东方古董、地毯、柔滑的丝绸及精美的羊毛绒。每年的大减价是在主要的节日前、年中及年底举行。在每年的10月有一个常年举办并获得全国许多商店参与的购物嘉年华。

巴西古当位于马来西亚西部马来半岛东南端，柔佛海峡东北岸，南与新加坡三巴旺港区隔峡相望，是该市也是柔佛州的海上门户，因而也有人称柔佛港。港口于20世纪80年代开放为自由港，腹地包括柔佛东南部国家发展区，为州内农产品及木材的集散中心。年吞吐量400万吨，为马来西亚南部的最大海港。

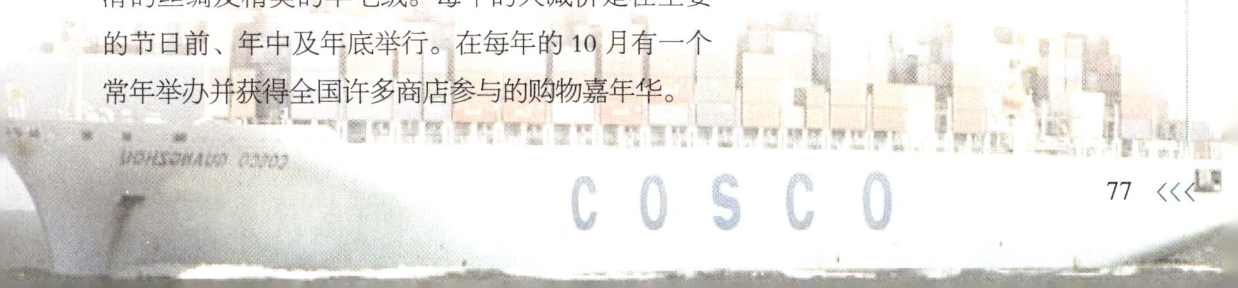

[驶入巴西古当港的中国远洋船]

悠闲自在的乐园

千叶港

千叶港位于日本首都圈的东侧，四面由大海和河川环抱。呈半岛形状伸到太平洋里。三面环海的千叶县冬暖夏凉，属于温暖的海洋性气候，尤其是南房总沿岸受附近海洋上流动的暖流的影响，即使冬天也几乎不结霜。

东京湾的千叶港是日本主要港口之一，它是在战后迅速发展起来的重化工业港市。千叶港的输入货物为工业原料和燃料，石油和天然气占输入贸易额的80%以上，其次为铁矿石、煤炭和木材；输出货物以汽车为主，占输出贸易额的50%～60%，其次是钢铁、船舶等。可见千叶港是以输入为主的工业港口，输入贸易额居日本各港首位。

千叶港坐落于千叶县，是年货物吞吐量居日本前三的重要港口，随着当地经济的发展，千叶县人口激增，为了纪念千叶县人口突破500万，当地政府曾专门建造了一座展望塔，塔高125米，矗立于千叶港湾公园内。千叶港湾公园内建有人工海滨，在圆形广场上还会举行门球大赛及驯狗表演。由于公园紧邻千叶港，可以欣赏入港的大型船只，别有风情。这是一座绿树成荫的综合公园，特别是在每年6月下旬到7月之间，正是著名的大贺莲盛开的时节，拥有2000多年历史的种子中盛开出的花朵，袅绕多姿，令人赏心悦目。

千叶县的优良位置，以及绝佳的自然环境，受到了美国迪士尼乐园的青睐，在这里建造了比美国本土的两个迪斯尼乐园还要大的东京迪斯尼乐园。该乐园从1983年4月15日开放以来已成为男女老少各享其乐的旅游胜地。随后，总占地面积176英亩（714000平方米）的东京迪士尼海洋公园在2001年9月开幕，它是东京迪士尼度假区中开幕的第二座乐园，不仅拥有全世界最多游客，也成为最受欢迎的迪士尼主题乐园之一。

除此之外，凭着临近港湾的优势，千叶人在附近规划建造了数个各有特色的公园。这些公园不仅成为当地居民的休闲去处，更是游人们趋之若鹜的原因之一。

[千叶港塔及千叶港]

[广岛和平纪念资料馆]

广岛作为世界上第一个被原子弹严重破坏的城市，在原子弹爆发之处建造了和平纪念公园，以祈求永久的和平。

日本军港

G 广岛港

作为日本军港，广岛港在二战中遭受了重创。在这里，游人多数不是为景色而来，广岛港春天樱花盛开，秋天红叶漫天，而是缅怀历史，祈求和平永存。

广岛是“二战”中以凶猛作战著称的日本第五师团组建之地，是日本的“军都”，铁路交通便利，又有出海港口，“二战”期间，日本陆军运输部、工兵作业场和当时日本最重要的军工企业三菱重工都设址于此。

作为重要的军港，广岛港一直是近代以来历次中日战争中日本的兵力集结和发兵之地。甲午战争中，日军的大本营就设在广岛，帝国会议也在这里召开，战争物资则由宇品铁路线运送而来，日本海军从广岛的宇品港出发前往黄海，战胜了北洋水师。

广岛港位于本州西南大田川三角洲、广岛湾顶端，是广岛县境最大港口。东南至吴港 6 海里，南至松山港 34 海里，至纪伊水道 153 海里，西南至岩国港 11 海里，至北九州门司港 100 海里。

游客如果到了广岛，首先要游览的当属宫岛，宫岛又称严岛，是日本的特别史迹、特别名胜。岛上以红色的严岛神社为中心，神社有许多建筑物，是由突出水面的几个楼座连接，每逢水涨，那些建筑物就如浮在水面。神社的另一特征是樟木的大门，大门漆成朱红色，与绿色的海水，对照鲜明。游客可在此欣赏到矗立海中的大鸟居及荡漾在水面上严岛神社的红色倒影，令人心旷神怡。宫岛气候温暖，林木茂密，多珍贵动植物。

1945 年 8 月 6 日，美军投下的原子弹将广岛市瞬间变为了废墟。广岛和平纪念公园由著名建筑设计师丹下健三主导设计。公园内有“广岛和平纪念资料馆”“国立广岛原子弹爆炸死难者和平纪念馆”“原爆圆顶馆”等观光地。

文艺圣地

厦门港

厦门，这个连空气中都弥漫着文艺气息的地方，长久以来一直是文艺青年心中的圣地。在这里游走静美，邂逅未知的惊喜；闲逛多情鼓浪屿，寻觅素年锦时的感动。

在厦门有着关于白鹭的传说。故事的开头总是从很久很久以前说起，这里寸草不生，荒无人烟，一群白鹭南归飞到这里，停在岸边歇息，领头的大白鹭，发现水里鱼虾成群，有充足的食物，而且还没有毒蛇猛兽的威胁，它们决定定居下来。白鹭们也随之着手打扮

自己的家园。之后鹭岛变得热闹非凡，五彩缤纷。

此番景象使盘踞在东海底下的蛇王异常嫉妒，它想霸占这白鹭建设的美丽小岛，一场大战爆发，领头的大鹭虽身受重伤，最终赶走了蛇王。后来，在大鹭洒过鲜血的那一片土地上，长出一棵挺拔的大树，那树的叶子大鹭一样张开；那树开的花像大鹭的鲜血一样火红。这种树木，人们称为凤凰木；这种花，人们称为凤凰花。

厦门港地处金门湾和九龙江出海口，介于我国上海与广州之间，东北距福州港 200 海里，南距广州 389 海里，东距台湾地区基隆港 222 海里。港口面向东南，由青屿水道与台湾海峡相连，港外有金门、大担及浯屿等岛屿为屏障，周围多山丘，避风条件好，各种船舶进出港不受潮水限制，为我国对外贸易港口之一，也是华侨进出内陆的主要门户。

海天堂构

海天堂构是鼓浪屿上唯一按照中轴线对称布局的别墅建筑群，堪称厦门的新天地。在这里，可以看见中国传统式的飞檐翘角，所有檐角均装饰缠枝花卉或吸水蛟龙。还可以看见古希腊柱式、西洋风格的窗饰，所有的一切，都结合得恰到好处。

海天堂构共有五幢老别墅：极具品位的南洋风情咖

啡馆，供游人在老华侨的别墅中，体验悠闲的咖啡时光；中国非物质文化遗产南音和木偶的演艺中心，在这边可以看到南音和木偶戏的表演。

日光岩俗称“岩仔山”，别名“晃岩”，相传1641年郑成功来到晃岩，看到这里的景色胜过日本的日光山，便把"晃"字拆开，称之为“日光岩”。

日光岩是由两块巨石一竖一横相倚而立，成为龙头山的顶峰。“闽海雄风”附近，还有清代著名书法家何绍基题刻“脚力尽时山更好”七个大字，笔法俊逸潇洒，自成一格，意在鼓励游人奋力攀登，更上一层楼，风光在顶峰。

[厦门港]

从寨门拾级而上，有两块巨岩相互倾斜而成“人”字形洞穴，称“古避暑洞”，洞顶上方有清代台湾诗人施士洁的隶书“古避暑洞”石刻。夏天，洞内清风徐来，凉风袭人，委实为游客逗留片刻的好地方。洞左边的岩顶，有一个“仙人”洗脚的石盆，长年累月积水，近旁还有“仙人”的“脚印”，其实乃海蚀地貌的一种。岩顶平台不大，四周环绕栏杆，就像一只升入天空的“吊篮”。游人登临，看云天近在咫尺，凭栏放眼，纵目远眺，厦门岛外大担、二担……诸岛尽收眼帘。

据说，鼓浪屿原本的名字叫“圆仔”，因为岛上有一块特别圆的岩石。后来，这块岩石经海浪不断拍打后，石中央竟空了一个洞，每当海涛拍打在这块岩石上时，都会发出如鼓般的声响，因而改名为鼓浪屿。

迅速崛起的海港

深圳港

深圳港由一个昔日的不知名小港口发展成为具有一定国际影响力的新兴现代化港口，创造了举世瞩目的“深圳速度”。得天独厚的自然条件，清澈的海水、广阔的沙滩、细软的沙质，让深圳港成为越来越多人向往的地方。

说到深圳，总是被人说到近30年的迅速崛起，创造了世界前所未有的“深圳速度”，它没有北京的文化与沧桑，没有上海的累积与洋气，也没有香港的开放与国际化，但深圳用自己的方式创造着新一页的历史。

海港城市，当然离不开大海，深圳大梅沙海滨公园是深圳最受欢迎的海滩。大梅沙娱乐场设有沙滩跑马、水上快艇、大型音乐灯光喷泉及露天歌舞厅、烧烤场。

[深圳港]

深圳港作为国家确定的华南地区集装箱枢纽港，广泛服务于珠江三角洲地区、省内外其他地区，为这些地方的对外开放和发展外向型经济做出了重要贡献。

深圳港位于广东省珠江三角洲南部，珠江入海口伶仃洋东岸，毗邻香港。全市260千米的海岸线被九龙半岛分割为东、西两大部分。西部港区位于珠江入海口伶仃洋东岸，水深港阔，天然屏障良好，南距香港20海里，北至广州60海里，经珠江水系可与珠江三角洲水网地区各市、县相连，经香港暗士顿水道可达国内沿海及世界各地港口。东部港区位于大鹏湾内，湾内水深12～14米，海面开阔，风平浪静，是华南地区优良的天然港湾。

这里共分游泳区、运动区、休闲区、娱乐区、烧烤场。有滑水索道、摩托艇、沙滩车、水上降落伞、沙滩排球、沙滩足球等众多游乐项目。

金色的沙滩、蔚蓝的海水、轻淡的白云、碧绿的山峦、阵阵的椰风、飘香的花草，配以轻松的音乐；

[大、小梅沙海滨公园]

点点的白帆，多姿的风筝，构成了立体动感的亚热带海滨风光，大梅沙海滨公园已成为一个集观光度假、休闲旅游、运动娱乐于一体的旅游胜地。

小梅沙素有“东方夏威夷”之美誉。小梅沙三面青山环抱，一面海水蔚蓝，一弯新月似的沙滩镶嵌在蓝天碧波之间。环境幽雅，空气清新，秀山美水给小梅沙增添了许多灵秀之气，慷慨的大自然把它造化成都市人理想的海滨旅游度假胜地。“梅沙踏浪”还是著名的鹏城八景之一。

[世界之窗]

深圳世界之窗集世界奇观、自然风光、民俗风情、民间歌舞于一园，再现了一个美妙的世界。世界广场、世界雕塑园、巴黎之春购物街和侏罗纪天地共同构成千姿万态、美妙绝伦、让人惊叹的人造主题公园。

西涌的七娘山是东部旅游最高峰，景观资源丰富，西冲沙滩资源比较优势明显；西冲拥有深圳市最绵长的高水准沙滩、最洁净的海域、引人入胜的海滨田园风光、茂密的山林、清澈的潟湖、突兀的礁岩。良好的自然资源为建设高水准的滨海旅游胜地提供了条件。西冲的海沙特别的细，无污染。可以来此度假，游泳、打沙滩排球。

位于深圳市东部大鹏镇鹏城村，始建于公元 1394 年，为广州左卫千户张斌开所筑，是明代为了抗击倭寇而设立的“大鹏守御千户所城”，简称“大鹏所城”。当年大鹏所城占地约 10 万平方米，城墙高 6 米、长 1200 米，城墙由山麻石、青石砖砌成。深圳今天的简称“鹏城”即源于此。

江南胜地

福州港

福州港背山依海，气候宜人，地理环境优越，有榕城、温泉城之雅称，还有“江南胜地”之美誉。福州港山清水秀、风光绮丽，名山、名寺、名园、名居繁多，独具滨江滨海和山水园林旅游城市风貌。传统工艺品中脱胎漆器、牛角梳、纸伞被称为“福州三宝”，寿山石雕与脱胎漆器、软木画被誉为“榕城三绝”。

福州港位于我国大陆东南部，台湾海峡西岸，是我国沿海20个主枢纽港之一，为我国沿海主枢纽港之一，沿海主要外贸口岸及闽台贸易重要港口。目前，福州港共有万吨级以上泊位40个，其中5万吨级以上泊位14个，最大靠泊位能力为32万吨。2014年全年货物吞吐1.28吨，完成集装箱吞吐量223.94万标箱。货物吞吐量和集装箱吞吐量增长率都位于全国前列。

福州港湾像一个形似神兽麒麟的岛屿“舞动”在台湾海峡，汉代时期，就已东冶港之身成为当时中国南北货物转运的港站，而福州这座具有2200多年历史的古老城市中心，有着闻名遐迩的三坊七巷历史文化街区。

三坊七巷起于晋，完善于唐五代，至明清鼎盛，古老的坊巷格局至今基本保留完整，是中国都市仅存的一块“里坊制度活化石”，坊巷内保存有200余座古建筑，是一座不可多得的“明清建筑博物馆”。

[福州港旧貌]

1914年福州建设第一条马路时，在其终点处建起较先进的石砌码头。1935年在这里填江辟地，建设6个码头，即老福州众所周知的台江第一至第六码头。

[三坊七巷文化街]

福州，这里一直是“闽都名人的聚居地”：林则徐、沈葆桢、严复、陈宝琛、林觉民、林旭、冰心、林纾等大量对当时社会乃至中国近现代进程有着重要影响的人物皆出自于此，使得这块热土充满了特殊的人文气息和不散的灵性及才情，成为福州的骄傲。

福州在东晋前叫冶城，东晋福州太守张伯玉号召福州居民遍植榕树。从此，福州街头就出现“暑不张盖，绿荫满城”的景观。所以福州就有了榕城的雅号。福州全市有榕树 16 万株以上，分布在各个区域。在福州现存的古树名木中，上百年的约有 600 株，上千年的有 6 株。

海上丝绸之路起点

宁波港

宁波港最引人注目的不是其海滩以及港区特色风光，而是其7000多年的历史。在宁波港，你可以尽情地满足好奇心，探索千年古港的韵味。

宁波港由北仑港区、镇海港区、宁波港区、大榭港区、穿山港区组成，是一个集内河港、河口港和海港于一体的多功能、综合性的现代化深水大港。现有生产性泊位309座，其中万吨级以上深水泊位60座。宁波港是世界五大港口之一，中国前三大港口之一，其中宁波港是中国货物吞吐量第一大港口，集装箱吞吐量则列全国第四大的港口。

宁波地处我国大陆海岸线中部，南北和长江“T”形结构的交汇点上，历史上宁波曾称为“明州”，史书有云：“南则闽广、东则倭人、北则高丽，商舶往来，物货丰衍”，反映了宁波在“海上丝绸之路”中的独特地位。不仅如此，早在唐代，明州就是全国重要的造船基地之一。宋代，三江口设有官营造船场，年造船量居全国之首。明州港曾两次受朝廷指定打造四艘“万斛”神舟，专门用来通使高丽，造船业的兴盛以及其独特的地理位置和历史的政治因素，把宁波港推上了“海上丝绸之路”始发港的宝座，让宁波港成为我国自唐宋以来著名的对外交通贸易港，向世界传递着中国的文化和技术。

千余年来，宁波始终占风气之先，以“重商”之风气，孕育着以余姚籍思想家王阳明、黄宗羲、朱舜水为代表的浙东学派，他们提倡“工商皆本”和经世致用思想，通过运河文化和海上丝绸之路的重要传播通道，在东亚产生了较为深远的影响。

山边海港

青岛港

青岛港岬湾相间，沙软滩平，海岸曲折，风光秀丽，气候宜人，是一个别具特色的港口。青岛港民俗景点分布广、传统悠久、种类繁多、民族文化底蕴深厚。

青岛最早的人类活动可追溯至新石器时代，对东夷人在此繁衍生息，秦始皇统一六国后，五巡天下，曾三登琅琊。明朝万历七年（1579年），即墨县令许铤主持修编的《地方事宜议·海防》中将其命为青岛，青岛所在的海湾因岛得名青岛湾，港口命名青岛口。

青岛的美离不开海滩，其中最为有名的是金沙滩。金沙滩呈月牙形东西伸展，是我国沙质最细、面积最大、风景最美的沙滩，号称“亚洲第一滩”。金沙滩有青岛最美的海滩和波涛，金沙滩东侧临山敞开的喇叭形，吹进强劲的海风并掀起无数浪涛，接连涌上海滩，让狭长的海滩显得格外壮观。

青岛栈桥，是青岛最早的军事专用人工码头建筑。当年德国侵占青岛后，将栈桥改为货运码头。栈桥南端建有双层飞檐八角亭阁，名谓“回澜阁”，漫步栈桥海滨，可窥见青岛市区全貌。

小青岛上白色的灯塔亭亭玉立。涨潮时，惊涛拍岸，激起簇簇雪白浪花，引来无数游人观看；潮退后，赭色岩礁和金色沙滩露出水面，海滩上满是赶海拾贝的游人。每逢风平浪静之时，成千上万只海鸥自由地翱翔，使美丽的青岛湾充满了勃勃生机。

青岛港位于山东半岛南岸的胶州湾内，始建于1892年，具有124年历史。是我国第二个外贸亿吨吞吐大港，是太平洋西海岸重要的国际贸易口岸和海上运输枢纽。港内水域宽深，四季通航，港湾口小腹大，是我国著名的优良港口。在全球排名中，位列世界第九。在2014全球集装箱吞吐量排名中，位居上海、新加坡、深圳、香港、宁波舟山、釜山之后，是世界集装箱吞吐量第七大港口。

[回澜阁]

中国威尼斯

澳门港

澳门港是个低调与奢华兼具的港口，狭窄的街道、老旧的西式建筑与来自世界各国的友人，让这个不大的城市充满了另一种绚丽。来到澳门港，去狭窄的小街间穿行，慢慢走细细看，方能品味它低调的风情。

澳门港分外港和内港。外港位于澳门半岛的东面，为往来香港之定期客轮上落乘客所专用。内港位于澳门半岛西面，由34个码头组成，货物的装卸都在此运作，而内港14号码头只供获当局批准的船只搭乘乘客。

在秦朝统一中国的时候，澳门就已被纳入中国版图，其古称濠镜澳。因为当时泊口可称为“澳”。澳门及其附近盛产蚝（即牡蛎），蚝壳内壁光亮如镜，澳门因此被称为蚝镜，后人把这个名称改为较文雅的“濠镜”。关于澳门的名称有很多说法，元末明初时期就有澳门之名，因为那时它的南北有两座高台（现称东望洋山、西望洋山），高高相对，形状如澳口的外门，因此，当地渔民就把濠镜称为“澳门”，一直沿用至今，而其他名称则逐渐弃而不用。而澳门的葡萄牙文名称也颇有

[妈阁庙]

妈阁庙为澳门最著名的名胜古迹之一，初建于明弘治元年(1488年)，庙堂平时香火不绝，每年农历除夕和农历三月二十三日“天后”神诞，香火更甚。四方香客云集于此上香拜祀、叩首祈福，并举行丰富多彩的节目助兴，这时妈阁庙上紫烟弥漫，一派祥和，这就是澳门八景之一的“妈阁紫烟”的景色。

趣味，传说 1553 年葡萄牙人初到澳门，在妈阁庙附近登岸，他们不知道地名，问当地渔民。渔民答曰："妈阁。"葡萄牙人以为是地名，从此便称澳门为"MACAU"，中译音变成"马交"。华人均称此地为"澳门"，英国人称它为"MACAO"，葡萄牙人称为"MACAU"。

我国东南沿海一带，如果算出现频率最高的庙宇，不得不说是妈祖庙，在澳门也是这样。妈阁庙是澳门三大禅院中最古老的一座。庙内古木参天，香火旺盛，至今已有 500 年的历史。

澳门因为其独特的历史，成了西学东进的植入点。西方传教士最初到中国传教， 都以澳门为第一个落脚点，他们在澳门建立教堂、医院、文化设施，使西方文化首先扎根澳门。比如，现在澳门的标志性建筑大三巴牌坊即圣保禄大教堂遗址。

大三巴牌坊位于炮台山下，左临澳门博物馆和大炮台名胜，为天主之母教堂的前壁遗址，曾浴火重生。建筑糅合了欧洲文艺复兴时期与东方建筑的风格而成，体现出东西艺术的交融，雕刻精细，巍峨壮观。由三至五层构成三角金字塔形，无论是牌坊顶端高耸的十字架，还是铜鸽下面的圣婴雕像和被天使、鲜花环绕的圣母塑像，都充满着浓郁的宗教气氛，给人以美的享受。牌坊上各种雕像栩栩如生，堪称"立体的圣经"。

大三巴牌坊如今虽然已失去教堂的实际功能，但它与澳门人的生活息息相关。这里会不定期举行各种文化活动，牌坊前长长的梯级正好成为天然的座位，让牌坊刹那间变成巨大的布景，舞台浑然天成。

"威尼斯人"度假村是亚洲最大的赌场度假村综合建筑。以意大利水都威尼斯为主题，威尼斯特色拱桥、小运河及石板路随处可见，处处充满威尼斯人浪漫狂放、享受生活的异国风情。澳门"威尼斯人"度假村的大运河购物中心是澳门最大型的室内购物中心，整个购物中心被一幅偌大的天幕覆盖，云集了百家购物商家。

[大三巴牌坊]

2005 年大三巴牌坊与澳门历史城区的其他文物成为联合国世界文化遗产。澳门历史城区由 22 座位于澳门半岛的建筑物和相邻的 8 块前地所组成，以旧城区为核心的历史街区。历史城区的范围东起东望洋山，西至新马路靠内港码头，南起妈阁山，北至白鸽巢公园。是中国境内现存最古老、规模最大、保存最完整、最集中的中西特色建筑共存的历史城区，是 400 多年来中西文化交流、多元共存的结晶。

[澳门 郑家大屋]

郑家大屋大约建于 1881 年，是中国近代著名思想家郑观应的祖屋，由其父亲郑文瑞筹建。建筑范围约 4000 平方米，是一座岭南派院落式大宅，建筑沿妈阁街方向纵深达 120 多米，主要由两座并列的四合院建筑以及由内院连接的仆人房区建筑及大门建筑等组成。

北方天然不冻港

秦皇岛港

秦皇岛境内峰峦众多，海域辽阔，风景绮丽，气候凉爽，是华北的避暑胜地，也是北京的后花园，这也是我国唯一因皇帝尊号而得名的城市。

秦皇岛港地处渤海之滨，扼东北、华北之咽喉，是我国北方著名的天然不冻港。这里海岸曲折、港阔水深，风平浪静，泥沙淤积很少，万吨货轮可自由出入。我国“北煤南运”大通道由秦皇岛港起始，担负着我国南方“八省一市”的煤炭供应，秦皇岛港是目前我国最大的能源输出港，也是我国主要对外贸易综合性国际港口之一。

秦皇岛位于河北省东北部，处东北、华北之要道。有着卓越的军事、经济战略地位。秦皇岛背靠燕山山脉，扼守渤海之滨，乃是天然的不冻港，因秦始皇东行到此，寻丹问药而得名。

早在战国时期，秦皇岛便已经成为我国沿海交通线上著名的海港之一，近代清光绪二十四年（1898 年），才将其开辟为通商口岸，并开始修建煤运码头，秦皇岛才从古代舟船停泊的自然港口，发展为轮船不绝的通商口岸，直到 20 世纪初，秦皇岛港才正式对外开放。秦皇岛被称为“港城”，因港而兴城。

秦皇岛不仅有着渤海海岸，不得不说较之北戴河海滨更美，它有曲折平坦的沙质海滩，自然环境优美，沙软潮平，沙质较好，坡度也比较平缓，是一个优良的天然海水浴场。这里夏无酷暑、冬无严寒，是我国著名的避暑、疗养胜地。

[秦皇岛港]

美丽的人工港

台中港

台中港，旧称梧栖港。梧栖这地名有个美丽的由来，原称为鳌西，地方雅士美化其音，取“凤非梧不栖”的美意，便成了梧栖。港口背向大度山，濒临台湾海峡，大甲溪及大肚溪分别自其南北出海，地形上突出于台湾海峡西海岸。

台中港位于台湾岛西海岸中部台中县梧栖镇，是台湾开辟的国际港。该地最著名的莫过于假日渔市，市场内的鱼虾、贝类均活泼乱跳，非常新鲜，可仔细选购，带些回家尝鲜。在渔港入口也有许多的摊位与一个大型的海鲜美食广场，可吃到各地的小吃美食和味美的海鲜。渔市对面有片新近开发的滨海公园，可搭乘游艇徜徉在海风的吹拂下，体验海天游踪的意境，令人心旷神怡。还可踏浪、戏水亲近水世界，惬意又自在。

台中港背向大度山，濒临台湾海峡，大甲溪及大肚溪分别自其南北出海，港区泊地水域487万平方米，港口航道水深12.5～13米，可容5万吨船舶出入。

台中港有一个人烟稀少、被人们称为“可遇而不可求”的美景——高美湿地。高美地区位于我国台湾地区台中县清水镇临海路以北、大甲溪以南的水稻平原。最早是大甲溪的河床地，在先民的努力开垦之下，才有现今的高美地区。

高美湿地位于台中县清水镇西边，其是由于高美海堤之建立，几十年来逐渐累积淤沙所形成。高美湿地的面积不大，但由于其同时拥有泥质及沙质滩地，加上河口沼泽地带交汇在一起，因而孕育出丰富且复杂的湿地生态，包含了潮溪、草泽、沙滩、泥地等生态栖息地，并与目前台湾地区最大族群的云林莞草区相邻，进而形成干湿相间并有植物生长的复杂地形。地形的多样所代表的即是生物物种差异度非常高，因此高美湿地便成为各种底栖生物、鱼贝类，鸟类、水禽类栖息的最佳场所。

[台中港散客码头]

马来西亚的海上门户

巴生港

巴生港是马来西亚著名的港口，一说起巴生港，人们首先想起的不是其美景，而是远近驰名的肉骨茶。在蔚蓝的海边，静静地品尝一杯肉骨茶，也不失为人生一大乐事。倘若喜欢游玩，巴生港附近的吉胆岛也是个不错的选择。

巴生港是马来西亚的海上门户，也是该国最大港口，南港码头前沿区大约宽 15.2 米，并有三条铁路路轨；北港拥有集装箱装卸区、普通货物装卸区、干散货装卸区以及液体散货装卸区；西港码头共有 15 个远洋码头，地理位置优越，位于马六甲海峡，是远东至欧洲贸易航线的理想停靠港，因此在航运市场中具有明显的竞争优势。

巴生港原名“瑞天咸港”，是马来西亚最大港口，1973 年建为红海与马六甲海峡之间第一个集装箱货运港，也是马来西亚首都吉隆坡的外港，距离马来西亚市区仅 40 千米，凭借首都的全国商业和工业中心及人口稠密的优势，巴生港对马来西亚的经济起着重要的作用。

巴生港以当地小吃肉骨茶而闻名，肉骨茶是以带肉的骨配合中药煲成的汤。目前巴生港开始兴起一种新的“干肉骨茶”，吃起来更有质感，有更清晰的味道，比传统的更有药味，还被誉为是解酒良药。

关于肉骨茶的故事有两个版本。一说是在清朝末年，

[肉骨茶]

虽然肉骨茶名为“茶”，其实是一道猪肉药材汤，汤料却完全没有茶叶的成分，反而是以猪肉和猪骨，混合中药及香料，如当归、枸杞、玉竹、党参、桂皮、牛七、熟地、西洋参、甘草、川芎、八角、茴香、桂香、丁香、大蒜及胡椒，熬煮多个小时的浓汤。“肉骨”是采用猪的肋排（俗称排骨）；而“茶”则是一道排骨药材汤。

社会动荡不安，不少中国人背井离乡前往南洋谋生，其中不少人就聚集在马来西亚的巴生港从事锡矿开采和货运搬运工作。由于气候炎热和劳动强度大，他们必

须多吃强身健体的食品才能维持充足的体力。他们将一些中药材与猪肉、猪骨一起熬成汤，发现不仅营养丰富，而且美味耐饱。从此，他们就将肉骨汤配上一碗米饭作为营养充足的早餐，加上他们在中国就有喝茶的习惯，在吃肉喝汤的过程中以茶来解油腻，逐渐形成了闻名遐迩的“肉骨茶”。

说完肉骨茶，接下来继续了解巴生港的著名景点——吉胆岛。

坐落于巴生港以西 10 千米的吉胆岛，是一个别具特色的渔村小岛，居民多以捕鱼及从事相关行业为主，游客可到渔场观看渔民捕捉水母和螃蟹，也可看本地人怎样制作他们爱吃的虾饼。

由于吉胆岛的四周鱼群丰富，又有红树林沼泽地的生物，故吸引了许多湿地生活的禽鸟聚居于此。这里还有物产招湖蟹和泥蟹；更有一种水陆两栖，还会爬树的弹涂鱼。

前往吉胆岛的最佳途径是在清早自吉隆坡火车站乘搭 Komuter 火车到巴生港，抵达后，步行到附近的码头再转乘小船。

[吉胆岛 水上民居]

一百多年前，三个海南人从巴生港出海，开始在岛上捕鱼，这个岛就是吉胆岛，英文名叫 Crab Island，中文名也叫螃蟹岛。又过了几年，陆续有潮州、福建的先贤到来，他们用岛上的红树木搭起简陋的房屋，称为哑答屋，漂泊在此。再后来，他们将自己的妻儿接至此地，繁衍生息，形成了自己的村落。如今岛上已有上万人居住，90% 都是福建、潮州人，置身其中，完全没有在马来西亚的感觉，更像是到了广东的某个小渔村，岛上的语言也是中文。

吉胆岛又称浮罗吉胆，源自马来语 Pulau Ketam，Pulau 意为岛屿，Ketam 则是螃蟹之意，合起来便是螃蟹岛，其实就是因为吉胆岛是螃蟹栖息的湿地。19 世纪最初定居吉胆岛的华人便是为了猎捕螃蟹而来。

一代伟人的故乡

中山港

优越的地理位置是中山港日益为人们熟知的原因之一，但中山港最让人无法拒绝的理由不得不加上一个——孙中山先生的故乡。中山港与孙中山先生的故居纪念馆十分相近，来到中山港，不得不去的第一景点就是孙中山故居。其次，到海边小店品尝中山港的著名美食——乳鸽，那便可十分圆满地结束中山港之旅了。

中山港位于广东省中山市，全称为：中山港国际货柜码头。中山港地处珠江三角洲中心偏南，毗邻深圳、香港，横门出海航道水深6米，航道宽120米（按双向通航3000吨海轮航道设计），水陆交通便利，区位优势明显，腹地纵深广阔，货物可在当天报关出口，确保运输的时效性，是珠江三角洲最快捷的货物进出口通道之一。

中山市原名香山县，是我国伟大的民主革命先行者孙中山先生的诞生地。为了纪念孙中山，1925年4月15日，香山县改名为中山县，经过几番变革，最后定名为中山市。中山市是国家历史文化名城，发祥于中山市的香山文化是中国近代文化的重要源头，享有广东省曲艺之乡（粤剧）、华侨之乡的美誉。

孙中山故居

孙中山故居是一幢砖木结构、中西结合的两层楼房，并设有一道围墙环绕着庭院。围墙正门外南侧有“全国重点文物保护单位孙中山故居”石刻牌匾。

[孙中山故居]

故居正门南侧有宋庆龄手书的“孙中山故居”木刻牌匾。孙中山故居外表仿照西方建筑。楼房上层各有七个赭红色装饰性的拱门。屋檐正中饰有光环的灰雕，环下雕绘一只口衔钱环的飞鹰。

该建筑物门多，窗多，通道多。居屋内前后左右均有门通向街外，左旋右转，均可回到原来的起步点。正门上有一副对联：“一椽得所，五桂安居”是楼宇落成后孙中山亲笔撰写的。

孙中山故居纪念馆是以孙中山故居为主体的纪念性博物馆，坐落于广东省中山市翠亨村，隔珠江口水域与深圳、香港相望，陆地与珠海市毗邻。翠亨村傍山濒海，气候宜人。优越的地理位置和优美的自然环境使孙中山故居纪念馆置身于林木葱茏、鸟语花香之中。

说完孙中山先生的故居，最后我们品尝一下中山港的特色美食——乳鸽吧。

中山市四大历史文化街是当地有名的历史文化古迹，指的是在中山市境内有着悠久历史文化背景和典型的过去的岁月遗留在中山这片土地上的耐人寻味的街区。分别是孙文西路历史文化街区、西山寺历史文化街区、从善坊历史文化街区和沙涌历史文化街区。

石岐乳鸽

石岐乳鸽本是中山籍华侨从国外引进的优良鸽种，经同中山石岐的优良鸽杂交后孵育出来的一种乳鸽。这种乳鸽以体形大、胸肉厚、肌肉饱满、肉质嫩滑爽口而饮誉广东港澳市场。而且有很多种做法，石岐乳鸽成了中山市著名的特色小吃，在当地不少酒家饭馆所炮制的乳鸽，极为食客所喜爱。

乳鸽作为中山的名菜，除色、香、味俱全外，还在于可兼作药用食疗，因乳鸽肉性温平、入肾肺，有治肺肾伤损久患虚亏功效，还可治疗皮肤恶疮顽癣、癫疯瘰疬溃疡，故此菜式历久不衰。

石岐红烧乳鸽皮脆肉滑，甘香鲜美，幼嫩可口，油而不腻，色香味俱佳，被推为上品佳肴。它始于何时已无从考证，估计已有百年的历史，抗日战争时期，澳门佛笑楼因经营红烧石岐乳鸽而出了名，亦逾七十多年，为筵席珍品。

[石岐乳鸽]
鸽子有不同的烧法，而其中比较有名的是中旅集团富华宫的红烧乳鸽，其色泽金黄，皮脆肉滑，骨软味美，真是吃后齿颊留香，最为食家所赞许；而淮杞炖鸽，除汤味鲜美可口外，鸽肉亦极为嫩滑。不少酒家还各出奇招，使乳鸽制作花样百出，如吊烧鸽、生炸鸽、卤水鸽等，都有不同风味，同受食客的欢迎。

Europe Articles

2 欧洲篇

黑海明珠

瓦尔纳港

瓦尔纳港气候温和，四季分明，日照时间长，海面风平浪静，海滩浅平辽阔，是保加利亚著名的旅游胜地，有“黑海明珠”之誉。

瓦尔纳是欧洲最古老的城市之一，有着悠久而丰富的历史文化。公元前7000年，原始人类开始在瓦尔纳地区定居，成为欧洲大陆最早的居民，其原始文明在公元前4000年的青铜器时代达到了顶峰。此后，色雷斯人在黑海之滨和瓦尔纳湖周边建立村落。2600年前，希腊人在那里建立城镇，并以该地区守护神“奥得萨斯”命名，很快那里成为黑海沿岸最重要的商贸文化中心。681年，保加利亚建国，“奥得萨斯”被更名为“瓦尔纳”。中世纪以来，瓦尔纳一直是保加利亚最大的港口、商业中心和滨海首府。

瓦尔纳港位于保加利亚东北沿海的瓦尔纳湾的西北岸，濒临黑海的西南侧，该港避风条件较好，主要码头泊位有27个，其中包括4个集装箱泊位，最大水深约11米。它不仅是保加利亚的最大港口，也是连接中欧和伊斯坦布尔的交通枢纽。

瓦尔纳的特色之一是拥有众多的教堂，其中最大最令人难忘的一个是状似猛犸、洋葱屋顶的圣母升天大教堂，它属于拜占庭风格，这座教堂是瓦尔纳最著名的东正教教堂，也是瓦尔纳市的标志。

公元2世纪的罗马温泉浴室遗迹也是不可错过的景点，遗迹内含保加利亚最大的古代废墟，分别有冷水、温水和热水池之分，只有少部分做了复原修复。

[抵达保加利亚港的中国烟台号护卫舰]

2012年，我国海军“烟台”号护卫舰5日抵达保加利亚瓦尔纳港，这是中保建交63年来中国军舰首次访问保加利亚。

古典与时尚的完美混搭

安特卫普港

安特卫普港拥有世界声誉的绘画艺术家和众多的博物馆，是个充满艺术气息的老港口。走在安特卫普街头，随处可见雕刻精美的人物雕塑，让人仿佛置身于中世纪。

比利时第二大城市安特卫普位于比利时西北部斯凯尔特河畔，是比利时最大的港口城市，因为其良好的地理位置，使它成为西欧重要的贸易港口和商业中心城市，是欧洲人口最密集的地区之一。

[安特卫普城市广场巨人扔断掌雕像]

艺术天堂

安特卫普的歌剧院和鲁本斯博物馆非常有名，是著名艺术大师罗宾斯和冯·狄克的诞生地。旧城区建筑多为三至四层砖砌建筑，保护完好。城区街道房屋立面颇具地方特色。街道宽敞，路面铺砌的石块错落有致，游人乘坐着马车可尽情地欣赏街道两侧变化各异的房屋和街景。

安特卫普港附近的露天雕塑公园里安放着数以百计的精致雕塑作品，当人们漫步在这座绿树成荫的公园里，边走边欣赏着这些形态各异的雕塑作品时，实在是一种极具品位的文化熏陶。

安特卫普港是比利时最大的海港，也是欧洲第三大港。地处斯海尔德河下游，距河口 68 ~ 89 千米 。安特卫普市于 16 世纪就成为欧洲十分繁荣的商业港口城市，比利时全国海上贸易的 70% 通过该港完成。安特卫普港以港区工业高度集中而著称，年货物吞吐量近亿吨，是排名在鹿特丹港和马赛港之后的欧洲大港。

钻石天堂

安特卫普是世界著名的钻石加工中心和交易中心，加工的钻石绝大部分供出口，钻石交易量占全球的60%。就连珠宝店门口的招牌上都说：“安特卫普只有两种女人——买到钻石的和还没买到钻石的。”安特卫安特卫普的名字来源于荷兰语“断掌”。传说古时有个巨人，对过往船只强行征收很高的通行费，不付或付不起的人都要被砍断手臂扔到河中。后来，年轻勇士布拉博战胜了巨人，以其人之道还治其人之身，砍掉了这个巨人的手扔到了河中，恢复了斯凯尔特河的通畅。在大广场中央就有一座表现布拉博将巨人断掌扔到斯凯尔特河的雕像。

普从15世纪起就开始成为世界钻石交易中心，其钻石切割、打磨、抛光及镶嵌技术公认为世界一流。他们运用享有5个世纪声誉的“安特卫普切割”技术，将钻石切割成57个面，折射效果很好。对于只是想要观赏一下钻石艺术的游客而言，可以去安特地区的钻石博物馆进行参观。

建筑天堂

市集广场包括有市府大楼、大教堂、商会大楼都在这成不规则形状的广场四周。市府大楼以及五栋漂亮的商会大楼都是文艺复兴式的建筑，约在16世纪末建造。这一区仿佛是个迷宫，到处都是广场、狭小的街道以及人行布道。大教堂是安特卫普最伟大的建筑物之一，是比利时最大的教堂，占地约10平方千米。1352年底开始动工，直到1521年整个工程才完工，虽然耗时如此之久，经历无数建筑师的监造，不过整个建筑风格却相当一致和谐。

[唐人街]

唐人街的形成，是因为早期华人移居海外，成为当地的少数族群，在面对新环境需要同舟共济，便群居在一个地带，故此多数唐人街是华侨历史的一种见证。唐人街最早叫“大唐街”。1673年，纳兰性德《渌水亭杂识》：“日本，唐时始有人往彼，而居留者谓之‘大唐街’，今且长十里矣。”

中国味道

2006年，一座典型的中式牌楼在比利时安特卫普市唐人街正式开建，这是象征中国传统文化之一的牌楼首次落户比利时第一大港口城市。这座牌楼建在唐人街街口，面对安特卫普中心火车站广场，建成后成为安市的一座标志性建筑。

唐人街的街道两旁有40多家中国公司和商行。这里不仅是华侨华人聚会和购物的场所，而且也是当地居民选购物美价廉的中国商品和体味中国文化氛围的地方。来往于此的商人和游客逐渐成为这里主要的消费群体，他们到此或是品尝中餐的美味，或是体验东方文化的韵味。

安特卫普曾是欧洲的艺术中心，是好几个法语大作家的故乡，如玛丽·热伟尔、弗朗索瓦兹·马来若里斯，还有《十月漫长的周日》的作者居伊·瓦斯，著名画家凡·戴克都出生在这里。著名画家鲁本斯、马塞斯和法国画家普朗坦都在此居住过。

太阳不落的港口

赫尔辛基港

充满生机的夏季里，居住在赫尔辛基港将可以感受长达 20 个小时的阳光照射，人们也因此把赫尔辛基称为“太阳不落的都城”。在白雪皑皑的冬季，还可以享受破冰船协助开航的待遇。港边的小岛不仅为赫尔辛基港遮住大风，带来平稳航行的同时也带来了美丽的岛上风景。

赫尔辛基濒临波罗的海，有着干净的空气，蔚蓝的天空，辽远的海岸，人们善意的微笑及穿梭于公路间的绿皮电车，这就是赫尔辛基的魅力。

神圣的大教堂

庄严肃穆的大教堂以俯视的姿态矗立在 3000 平方米的石板铺成的赫尔辛基议会广场上，通体纯白，一片圣洁，高高的绿色穹顶钟楼雄伟异常，在海上航行的船

[赫尔辛基港口集市]

赫尔辛基港位于芬兰南部沿海芬兰湾的北岸，是芬兰最大的港口。赫尔辛基市始建于 1640 年，到 1812 年成为芬兰的首都，不仅是芬兰政治、经济、文化和商业中心，同时也是芬兰最大的港口城市，芬兰全国 50% 的进口货物通过这里进入。这座位于东西方之间的都市还建有芬兰最大的航空港，有 40 多条国际航线通往世界各大城市。

[赫尔辛基大教堂]

赫尔辛基大教堂建于 1852 年，出自德国建筑师恩格尔之手，乳白色的建筑主体透露出一种圣洁的感觉，整个教堂散发出一种恢宏的气质。教堂前有百级台阶，拾级而上需要特别小心。教堂内部也很精美，临近圣诞时，教堂有唱诗活动，尽管听不懂芬兰语，但那些圣诗依然非常动听。

只远远便能看见。从参议院广场前往教堂，须登上百级台阶，正是这百级台阶，尽显出宗教与俗世的不同，也把赫尔辛基大教堂的美和神圣深留于游客心中。

神奇的岩石教堂

岩石教堂是世界上唯一一座建立在岩石中的教堂，外观彻底颠覆教堂的概念，看起来像着陆的飞碟，入口就像个隧道口。据说设计者在设计时看到一块巨大岩石，于是突发灵感，爆破凿洞，形成现在的岩石教堂，整座教堂设计卓越，别具一格。

教堂内部没有过多的装饰，大片裸露的岩石直接作为室内墙壁，看不出岩石上的精工细雕。180 根水泥柱子举着红色的圆形房顶，柱与柱之间是透明的玻璃相连。

西贝柳斯公园

贝柳斯公园是为了纪念伟大的作曲家西贝柳斯建造的。园内有西贝柳斯的金属头像，还有由 600 多根银白色不锈钢管组成的图形，酷似一架巨型管风琴，它们都耸立在一块巨大的红色岩石上。

公园里最令人难忘的莫过于造型如同茂密森林的纪念碑，象征着森林给予西贝柳斯无穷的创作灵感。这座纪念碑由600根钢管组成，由著名女雕塑家艾拉·希尔图宁设计完成。夏日世界的西贝柳斯草木扶疏，能看到很多在这里慢跑锻炼的芬兰市民。公园的海边岩石上，海鸥在自由嬉戏。港口停泊有帆船及游艇，公园内设有餐厅及咖啡座可供休憩，可以一边啜饮咖啡，一边欣赏如绘的园景，享受浮生半日闲。

桑拿称得上是芬兰国粹。许多芬兰神话和民俗都源于桑拿。桑拿的历史有几千年。从很久很久以前开始分娩、煮饭、制衣、照顾病患、料理后事，都离不开桑拿。

[赫尔辛基港]

赫尔辛基港又被称为波罗的海的女儿。波罗的海是世界上盐度最低的海域，这是因为波罗的海的形成时间还不长，水质本来就较好；其次波罗的海海区闭塞，与外海的通道又浅又窄，盐度高的海水不易进入；加之波罗的海纬度较高，气温低，蒸发微弱；这里又受西风带的影响，气候湿润，雨水较多，四周有维斯瓦河、奥得河、涅曼河、西德维纳河和涅瓦河等大小250条河流注入，年平均河川径流量为437立方千米，使波罗的海的淡水集水面积约为其本身集水面积的4倍。因此波罗的海的海水就很淡了。海水含盐度只有0.7% ~ 0.8%，大大低于全世界海水平均含盐度（3.5%）。

健康舒适的桑拿

桑拿起源于几千年前，东欧人民因忍受不了北欧的寒冷，发明了桑拿。拿着一瓢水，浇灌到滚烫的石头上，房间内就产生了大量水蒸气，温度也会急剧升高。现在的赫尔辛基，几乎每栋楼里都会有公共桑拿浴室，也有很多人在家里就安装了桑拿。

完整的桑拿顺序是：先热气熏蒸，再用白桦叶抽打全身，然后冲出桑拿房，跳到湖中游个泳。身体迅速变凉后，再上岸来接着享受桑拿。据说这样冷热交替几次，不仅可以预防心血管类的疾病，还可以增强抵抗力，再寒冷的冬天也不会感冒了。

赫尔辛基人还喜欢在桑拿之后吃一顿“桑拿餐”，以补充身体内流失的盐分。这种休闲方式也特别适合朋友小聚。享受完桑拿和冬泳，再喝着啤酒，吃一顿饭，一起聊聊天，非常惬意。

通往世界的口岸

汉堡港

晨色中的汉堡有种异常宁静的感觉，天色水色夹杂的耀眼的灯光非常漂亮。周围的建筑没有高楼大厦，而是保有其历史风味，雕像、立柱……无一不提醒你这个国家、城市在发展的同时没有忘却历史的厚重美丽。到了傍晚，那一抹红霞平铺在地平线，更显出海港海船的美。

汉堡港位于德国北部易北河下游的右岸，濒临黑尔戈兰湾内，是德国最大的港口，也是欧洲第二大集装箱港。始建于1189年，迄今有800多年的历史，已发展成为世界上最大的自由港，港内有着世界上最大的仓储城，面积达50万平方米。

汉堡港地处欧洲东西、南北两大贸易线的交汇点，毗邻欧洲主要市场，且有纵深的腹地，成为该地区最佳的货物配送和物流集散点。每当有货物来临，远洋轮、内河船、卡车、火车甚至飞机，各种运输工具在这里组成一个四通八达的运输网，计算机辅助调度系统使货物能够及时迅速地抵达目的地。若货物需要存储，汉堡港还提供由计算机控制的高端仓储服务，并且提供适用于存放易腐烂食品货物专用的空调库、冷库及冷冻仓库，当然还有其他特殊仓库，用于存放和处理危险货物。汉堡港以最专业的知识、最恰当的储存和运送方式处理各种货品，力争为客户、货主提供最佳的服务。

［米歇尔教堂］

米歇尔教堂始建于17世纪，高132米，高耸的钟塔尖端直插入云，尖端下为半圆形的穹顶，穹顶下为眺望台，眺望台以数根圆柱支撑，圆柱则立于方形的四面钟表之上。钟塔里的大钟为德国最大：钟盘直径达8米，指针3～4米，5个大钟分别重量从1.1～4.9吨重不等，钟声悦耳洪亮。

不仅如此，汉堡港一直将亚洲各国列为海上贸易最

重要的合作伙伴，而中国始终排在首位。目前，汉堡港每周有 32 条定期集装箱班轮航线发往中国，是欧洲前往中国航线最多的港口。汉堡港已经成为全欧洲与中国及远东地区之间班轮航线最多的港口，是中国与欧洲贸易往来的主要货运口岸。

[微缩景观世界]

微缩景观世界是一个铁路模型博物馆，也是世界上第一大铁路模型场景，在已完成的 8 个房间中，游客通过一条长长的甬道穿梭在各个房间之间。每个房间约 100 ~ 300 平方米，各有一个主题。比如以国家命名的奥地利、美国；以地貌风景命名的瑞士阿尔卑斯山、斯堪的纳维亚风光；利用计算机控制、声光调控，创造出一个个令人惊奇的奇幻世界。关键在于这些模型的惟妙惟肖，而且都是动态的呈现，较之死板的陈列，增加了许多趣味。

教堂隧道

每艘驶进易北河的船首先看到的就是米歇尔教堂，它是汉堡的地标。汉堡的教堂很多，米歇尔教堂的尖塔是汉堡市的标志，也是最具代表性的一座。它是北德最漂亮的巴洛克风格的教堂，整个钟塔是铜绿色，雄伟的钟楼以及所处的独特的地理位置使它成为汉堡的象征。

[仓库城]

真实再现“小人国”

微观景观世界是汉堡港的另一旅游景点，进去之后可以看到一些微缩动态模型，模型跟实物如此的像让人不禁感叹德国人对于机械的熟悉度。欧洲各国有名的景点和小镇都可以在这里找到模型。

汉堡港仓库城的建筑多采用哥特复兴式多层红砖建筑，带有小塔楼，从水路和陆路都有入口。大部分仓库都是八层楼高，铜屋顶和小塔是其装饰特色，红砖墙的新哥特式建筑非常抢眼。它不仅仅是街上最大的仓储式综合市场，到此地你一要不会错过这些迷人的小房子，来自世界各地的货物都存放在此。还有河岸边停靠的漂亮小船。一向被视为自由港汉堡和德意志帝国统一的标志。

［汉堡港］

汉堡港位于欧洲共同体，欧洲自由贸易联盟和经互会这个欧洲市场的中心，从而使它成为欧洲最重要的中转海港。

仓库城是典型的北德建筑，看到窗口上的水手结，便能感受到它曾经的氛围，一麻袋一麻袋的可可、咖啡和茶叶都存放在这里，甚至到现在都能闻到肉豆蔻和咖喱粉的香味。仓库城最佳观景点是Poggenm ü hlenbr ü cke，夜晚放灯的时候，这里流光溢彩，美不胜收。

郁金香花海

鹿特丹港

近乎完美的田园风光、大片的郁金香花海、无垠的绿色原野、祥和的小镇生活，这就是鹿特丹港。在可以欣赏船坞、码头的独特景致，领略装卸数千只集装箱的超现代技术，感受古老与现代相映成趣。

鹿特丹位于荷兰的南荷兰省，众所周知，荷兰是世界上有名的小国，国土面积 41526 平方千米，比我国的江苏省面积还要小，但鹿特丹港却是欧洲最大的海港，整座城市展布在马斯河两岸，距北海约 25 千米，有新水道与北海相连。港区水域深广，内河航船可通行无阻，外港深水码头可停泊巨型货轮和超级油轮。鹿特丹港曾经是世界上最大的海港，现如今被我国的许多港口超越。

鹿特丹港位于莱茵河与马斯河河口，西依北海，东溯莱茵河、多瑙河，可通至里海，有“欧洲门户”之称。鹿特丹港有着储、运、销一条龙。通过一些保税仓库和货物分拨中心进行储运和再加工，提高货物的附加值，然后通过公路、铁路、河道、空运、海运等多种运输路线将货物送到荷兰和欧洲的目的地。

一个有故事的港口

鹿特丹原来只是一个小渔村。鹿特丹位于低平地，低于海平面 1 米，1283 年人们就在这里修堤防开辟围垦地。到 1570 年，随着西欧海上运输和对外贸易的开辟，鹿特丹成为英、法和德之间的过境运输港，开始了鹿特丹的“门户”传奇。

鹿特丹真正的发展是在 19—20 世纪，随着欧美经济迅速发展和苏伊士运河通航，特别是 1895 年建成通航北海的运河新水道，1877 年接通市区与南荷兰间的铁路，以及德国的鲁尔区成为欧

［鹿特丹港］

洲最大工业区以后，鹿特丹港区腹地范围不断扩大，使其至20世纪初一跃成为荷兰第一大港。

[水陆两栖公共巴士]

水陆两栖公共汽车，也称水陆两栖巴士。目前，在世界范围内，生产水陆两栖巴士的国家有澳大利亚、荷兰。2001年，澳大利亚36位船舶工程师，历时5年时间，耗资千万元研发成功冒险鸭水陆两栖巴士。2009年5月，中国青岛从澳大利亚引进第一辆水陆两栖巴士——冒险鸭。2009年8月10日，中国冒险鸭正式首航之后，引起全国各大城市的轰动，不少沿海、水岸城市开始探讨引入水陆两栖巴士。

水上奇妙之旅

来到鹿特丹，怎能不体验一番新奇的水上交通工具呢？首先要介绍的是快艇，每艘可搭载1～8名乘客。莱茵河河道上的每一千米都被标记成数字，HNY快艇的航线从康士坦茨湖作为零千米点起始，一直到快艇码头1001千米点处。在1008千米点处快艇穿过拥挤的装船通道，进入爱姆港，然后直奔上游的威尔港。从鹿特丹到北海之间的码头共有37千米，此航线覆盖了其中的7千米，历时75分钟，让游客可以充分领略欧洲第一大港口的魅力。水上出租沿马斯河有很多停靠点，游客可随时拦出租。

其次是水陆两栖的巴士，巴士之旅可让游客用从未体验过的方式探索鹿特丹。巴士驶过鹿特丹最为迷人的景点后，纵身一跃进入马斯河，游客便可以开始乘船欣赏马斯河两岸的风光。

搭乘斯皮多游船畅游鹿特丹，在航行中饱览令人难忘的城市风景也是不错的选择。长达228米的鹿特丹号邮轮是荷美航线的第五只邮轮，是荷兰迄今为止所建造的最大邮轮。由于其卓越的内部设计、技术装置，以及20世纪50年代的典型视觉艺术，它已经是荷兰的文化、海事和商业遗产的一部分。同时，它也作为豪华酒店、会议室和剧院开放。午后时分，一边品尝着精致的下午茶，一边欣赏着新奇的鹿特丹景致，十分惬意。

[小孩堤防风车村]

小孩堤防位于鹿特丹东南10千米处，至今仍保存着19架建于18世纪40年代的风车，是最集中的风车群。整个荷兰能见到那么多风车的，则非小孩堤防风车村莫属。平时风车是不转的，但在7、8两个月，每逢星期六的下午，19架风车会一起转动，场面煞是壮观。它们是荷兰历史和文化的见证。1997年，小孩堤防风车群被列入联合国教科文组织的世界遗产名录。

转一转荷兰风车

来到鹿特丹怎么能错过游览风车呢？来荷兰港看风车，小孩堤防无疑是最佳选择。如果堂吉诃德的故事仍记忆犹新，那在风车群中骑行一定是你的不二选择。飞快地骑着“坐骑”，紧握“武器”（相机），向着一连串古老、高大的风车猛冲过去。夕阳下，风车挥舞着它巨大的长臂袭来，举起“武器”迎战，从不同角度对它发起全面攻势，好似中世纪的风车大战再次上演。

来到“风车王国”体验“风车之役”是再合适不过的了。想更多地了解风车，还可以将自行车停在风车下，进入其内部参观。参观后再看风车感觉似乎亲切了许多，沿着河边缓缓骑行，一架架风车从身边滑过，不时与迎面前来的“骑士”打个招呼，一切变得恬淡而自然。

MVRDV在鹿特丹设计了一座拱形室内集市。集市内可以容纳96个农产品销售台，20个酒类及其他物品零售台。集市上方的拱形由228个公寓单元组成。集市下方的停车场共有四层能提供1200个车位。这种集市加公寓的组合方式无疑是世界头例。

[立体方块屋]

由荷兰知名建筑师布洛姆（Piet Blom）设计，共由38座明黄色的方块房子组成，立体方块屋展示了形式、美学和空间效果，看似倾斜，只有一点安置在柱子上，因此三面向着地面，另外三面向着天空。立体方块屋建筑群始终以其独特的造型吸引着荷兰本土以及世界各地的游客。

惬意的骑行之旅

森林公园将把你的骑行之旅发挥到极致。快蹬几步，清新而略带凉意的空气拂面而来，衣衫与裤脚被略略泛起，身体的每一个细胞犹如享受一次矿泉Spa。身边不知名的各种树木、花草林林总总，或簇簇成团或高入云霄。抬头仰望，湛蓝的天空好似运河般狭长蜿蜒。慢慢停下来深入小径，光着脚撩拨粼粼的湖水，轻踏野花盛开的茵茵草地，伸出手体味细沙流过指缝，感受紫色薰衣草摇曳的抚摸。不经意间或大或小的雕塑作品和突然冒出来的松鼠、鹿、野猪给骑行增添了更多乐趣，它们与周围的自然共同创造出了近乎完美的和谐意境。

鹿特丹不仅有宁静的森林公园，也不乏疯狂的建筑，比如城市方块屋，把房子盖成魔方一般的建筑，如果好奇里面是什么样子的，那就计划一场关于鹿特丹的探索之旅吧！

挪威的森林

奥斯陆港

奥斯陆港濒临曲折迂回的奥斯陆湾，背倚巍峨耸立的霍尔门科伦山，苍山绿海相辉映，使城市既有海滨都市的旖旎风光，又有依托高山密林所展示出的雄浑气势。

奥斯陆港位于挪威东南沿海奥斯陆峡湾北岸的顶端，濒临斯卡格拉克海峡的东北侧，是挪威的第二大港。奥斯陆始建于1048年，到1814年成为挪威的首都，是挪威的政治、经济、文化和交通中心，铁路与挪威东部和西部两条铁路线网络相连，还有汽车轮渡与德国、丹麦相通，与英国、美国和加拿大有定期客船班轮往来。

海盗的故事

假如你有缘到奥斯陆的话，一定要去维京海盗船博物馆探索那些令人好奇的海盗故事。此博物馆是挪威比格半岛最受欢迎的观光胜地之一，是斯堪的纳维亚国家中最受欢迎的海盗文化宝库之一。维京船博物馆中的展品均是从奥斯陆峡湾地区维京人墓穴中发现的，其中最为壮观的是两艘世界上保护得最好的建于公元9世纪的木制海盗船。除海盗船外，这里还展示有关海盗的资料，可以满足人们对海盗的好奇心。

雕塑艺术

奥斯陆艺术气息浓厚，无论是漫步街道、公园或海岸，那充满艺术性的雕塑始终不离左右，一下子就会让

奥斯陆是斯堪的纳维亚半岛上最为古老的都城。它的名字来源于古老的挪威语，一个是“神”，一个是“草地”。昔日曾称为“克里斯蒂安尼亚”，后改为现名。据传说，奥斯陆意为“上帝的山谷”，也有说意为“山麓平原”的，这两种说法皆因与奥斯陆所处的地理位置有关。

[维京船博物馆海盗船]

维京海盗船博物馆存放的科克斯塔德号是一艘相当大的海盗船，为当时的海盗头目所有，海盗船细长优雅的线条充满速度感，且能耐长久的航行，排水量大，当时雄霸北海及大西洋。

人爱上这座艺术氛围浓郁的港口！

维尔兰雕塑公园是一个以人体雕塑为主的主题公园，公园内雕像比比皆是，大概有近 200 座，但是多而不乱，错落有致。

[维尔兰雕塑公园]

维尔兰雕塑公园是以挪威著名雕塑大师维尔兰的名字命名的，它的另一个名字叫弗罗格纳公园。这些由铜、铁和花岗石制成的雕像，是维尔兰 20 多年心血的结晶。

走进奥斯陆歌剧院

奥斯陆歌剧院位于奥斯陆中央车站附近，面临奥斯陆峡湾，外观看上去像是一艘船，这是一个建筑学杰作。除了室内的音乐会外，这里还会经常举办免费的室外音乐会，一边吹海风看海景，一面听音乐，实在是一种让人惬意的享受。傍晚时分登上歌剧院顶楼还可以一览奥斯陆夜景。

[奥斯陆歌剧院]

奥斯陆歌剧院最显著的特征是白色的斜坡状石制屋顶从奥斯陆峡湾中拔地而起，这是挪威国内最大的、依靠太阳能供电满足能源需求的建筑。

[诺贝尔和平中心]

在诺贝尔和平中心可通过一个新式设备了解到过去和现在的获奖者和他们的工作，并能在一本巨大的电子互动图书中阅读诺贝尔的发明和他的旅行；还可以在这个位于港口的新式高科技展馆观看到有关最近获奖者的纪录片。

走进诺贝尔和平中心

奥斯陆的诺贝尔和平中心馆内收藏了许多与诺贝尔和平奖有关的资料物品。博物馆坐落在市政厅旁边，也就是每年诺贝尔和平奖的颁奖地点。这里除了可以看到大屏幕放映的和平反战主题的电影，还可以看到有关诺贝尔本人生平的介绍，以及历届获奖者的资料。

据称奥斯陆的历史始于1048年海盗王哈拉尔建城，不仅如此，挪威存储量第一的天然气大气田也是以海盗的名字来命名的，所以说，挪威是个与海盗有着密切关系的国家。

奥斯陆的历史可以追溯到1050年，挪威最后一位海盗国王哈罗德·哈德拉德把他的政府建在了艾卡堡山脚下奥那河与奥斯陆湾汇合处的土地上。他将首都的名称定为奥斯陆，而这个名称一直被沿用到1624年。就在1624年9月24日那一天，一场大火将奥斯陆整座城市烧得干干净净。

丹挪联合王国的国王克里斯蒂安四世亲自设计了新城市的蓝图，将重建的城市改名为克里斯蒂安尼亚。人们相信，这个新的名字将会给这片大陆带来新的好运。

在19世纪中后期，奥斯陆峡湾还是一个不到3000人的小商埠，稀少的居民，清一色的木房子，使得这里变得极为阴郁。为此著名画家爱德华·蒙克将奥斯陆画

[卡尔·约翰大街的傍晚]

[爱德华·蒙克自画像]

爱德华·蒙克（1863—1944年）是具有世界声誉的挪威艺术家，是西方表现主义绘画艺术的先驱。他的绘画带有强烈的主观性和悲伤压抑的情调。

成了一个充满幽灵的城市。男人和女人全都穿着黑色的衣服，帽檐压得很低，脸色惨白。

对蒙克来说，他们就如同“活着的死人，由弯弯曲曲的路径走向坟墓”，这就是他认为的奥斯陆，一个阴郁的城市，于是蒙克搬离了。到了19世纪80年代晚期，奥斯陆才开始成为国际性的都市，在石油带来的经济景气下，有越来越多的钱财用于艺术上，与此同时，许多艺术家也开始回到奥斯陆开始他们的创作。

古代挪威人被称为维京人。说起维京人，就会联想到凶狠的海盗。对于祖先的历史，挪威人却颇为自豪，认为海盗是勇敢者的化身，是不畏艰险、勇于开拓进取的象征。这种勇于开拓的精神是挪威人不断前行的动力。

海上生命线

格但斯克港

格但斯克沿岸分布着众多的沙嘴、沙洲、沙丘和沙滩，喜欢日光浴的人们可以尽情享受。海港附近为大面积开阔的平原，大片大片的平地，让人视野开阔。

格但斯克在历史上最引人注目之处，就是自从1308年条顿骑士团征服该市以后的600多年间，它一直是德意志和波兰两大民族之间反复争夺的主要焦点。由于它控制了维斯瓦河的入海口，它既是波兰最理想的出海口又是连接东普鲁士地区和德国大部分领土的咽喉要地。因此波德两国均将该市视为自己的生命线，每次战争之后，失去这座城市的一方引为奇耻大辱，积极备战，于是又引发下一次的战争。

市中心地区拥有许多从汉萨同盟时代以来的优秀建筑。而大多数游客的注意力都集中在沿着或邻近长街和长广场的地区，所谓的长街并不长，只是从金门到绿门短短的一段，但沿街有许多精美的建筑和雕塑，以及艺术品和珠宝商店，是每一个来到格但斯克的游客不会错过的观光目的地。由于这里过去是波兰国王的巡视路线，所以又被称为皇家之路。

格但斯克港，北面濒临波罗的海的格但斯克湾，这是一个略呈半圆形的海湾，位于波罗的海的东南部，部分以海尔半岛与波罗的海的主体相分隔，有波兰最大的河流维斯瓦河注入。格但斯克港是波兰第一大港口，也是波罗的海沿岸最大的港口之一。出口物资以煤、粮食、化肥、木材、钢铁为主；大宗进口物品有石油、铁矿石、磷矿等。与索波特、格丁尼亚两市形成庞大的港口城市联合体——三联城。

[格但斯克港边建筑]

吃喝玩乐皆适宜

里斯本港

里斯本是一个注重生活、令人心旷神怡的地方。因地形起伏而蜿蜒曲折，山丘之上的街市，坡道上下行走的黄色电车和缆车，矗立着的众多纪念塔和纪念碑，都是里斯本港的魅力所在。临近的世界遗产小镇辛特拉风光绮丽，西部大西洋沿岸的海滨浴场至今也还是葡萄牙最著名的旅游区。

[栓皮栎树]

栓皮栎树是橡树的一种，这种树最大的特点就是不怕剥皮。成块的树皮被剥光以后，就露出了橙黄色的内层，它不仅不死，而且仍然枝繁叶茂，并长出新的树皮，隔几年后，就又可以剥皮了。

里斯本作为葡萄牙国的首都，是全国最大的城市、经济、文化中心。同时也是全世界最大的软木输出港，葡萄牙人称软木树为国树，软木即栓皮栎，为落叶乔木，树皮具有发达的栓皮层，树皮可剥栓皮（俗称软木），供工业用，轻浮又不透水，富有弹性，是理想的隔热、隔音体，广泛用于建筑、车辆和宇宙飞船上。

里斯本位于特茹河口北岸的七个山丘上，故有“七丘城”之称，里斯本港是葡萄牙最大的港口，也是世界上最大的软木输出港。里斯本港的战略地位十分重要，东经直布罗陀海峡可进地中海，北通西欧、北欧，南达非洲、南美。与大西洋中的亚速尔群岛和马德拉群岛构成一个等腰三角形，在“北约”组织防务系统中，有“葡萄牙战略三角”，或“不沉的航空母舰”之称。

里斯本的历史年代可追溯到1000余年前，传说是尤利塞斯最早发现的这座城市，它曾经是葡萄牙最重要的战略性港口，港口的名字来自北闪米特语言，意思是“迷人的港口”。

历史见证者

漫步里斯本，百年的古老电车在狭窄老街中穿梭，古老的建筑散发着岁月残留的气息。里斯本处处都是百年以上的老建筑，用的依然是古老就像旧电影里有专人操作的铁笼升降机。置身于此情此景，让人不禁怀疑自己穿越时空回到了古老年代的错觉。

贝伦塔矗立于特茹河北岸，是里斯本港口最经典的地标建筑。这是一座有着近 500 年历史的古城堡，贝伦塔见证了里斯本港昔日曾有过的辉煌。这栋建筑最突出的特征就是它拜占庭式的角楼上的缎状屋顶。贝伦塔上还饱含曼努埃尔式建筑的象征物，丝索、精美的结、十字架等，这些纹饰都彰显出葡萄牙这个天主教国家曾经的海上霸主地位。

[贝伦塔]

贝伦塔是世界文化遗产之一，历史上被用作海关、电报站甚至是灯塔，也曾利用贮藏室改造成监狱。

航海纪念碑

葡萄牙航海纪念碑也称为大发现纪念碑，位于贝伦塔附近，屹立于海岸边的广场上，气势不凡，已成为葡萄牙的象征。该纪念碑为纪念航海王子亨利逝世 500 周年而建。其外形如同一艘展开巨帆的船只，碑上刻有亨利及其他 80 位水手的雕像，船头站立者即为亨利，其后是发现欧洲至印度航线的达伽马。

纪念碑的背后是个大型十字架，欧洲建筑常常会将宗教信仰结合艺术融入建筑设计，这个纪念碑也是如此。碑前的地面上刻有一幅世界地图，上面标志着发现新大陆的日期。登上碑顶，可以眺望附近的景色和海港风貌，极其明媚动人。

[航海纪念碑]

葡萄牙航海纪念碑建于 1960 年，位于里斯本贝伦塔附近，为纪念航海家亨利王子（1394—1460 年）逝世 500 周年而建。

神秘修道院

从空中鸟瞰热罗尼莫斯修道院，教堂的结构是一个横短竖长的拉丁十字形，外表全部用打磨得光滑平整的白色花岗岩砌成，显得格外高大、圣洁。30 对数十米高的塔尖直指苍穹，给人一种摆脱尘世一切重负的感觉。修道院的内殿宽敞圣洁，哥特式的大厅拱顶高耸，大厅中央的圣坛用金和绿色的雕刻装饰，旁边的圣坛立有赤红色釉瓷做成的圣热罗尼莫像。

[热罗尼莫斯修道院]

热罗尼莫斯修道院位于里斯本贝伦区，始建于1502年，直到16世纪末才建成，是葡萄牙最大的教堂。1983年大航海纪念碑、贝伦塔与修道院一起被联合国教科文组织列为世界文化遗产，1755年11月1日里斯本大地震，城市几乎毁灭，这座大教堂竟屹立不倒，平添了一笔神奇色彩。

哥特式电梯

圣胡斯塔升降机是里斯本的一台升降机，位于圣胡斯塔街末端，连接庞巴尔下城较低的街道与较高的卡尔穆广场。这台钢铁升降机高45米，新哥特式装饰，每层都有不同的样式。通过螺旋楼梯可达顶层，顶层有一个阳台，可供观赏圣若热城堡、罗西欧广场和庞巴尔下城的景色。

里斯本斗牛

谈到斗牛，人们马上想到西班牙，其实里斯本斗牛也很精彩，而且与西班牙有很大的不同。葡萄牙斗牛不当场刺死牛，而且斗牛的角尖会被锯平。葡式斗牛先是骑士用长短不同的矛剑刺公牛的背，期间穿插手拿斗篷不断挑逗斗牛，压轴戏是斗牛士徒手抱牛头将牛制服。坎普佩克诺斗牛场是里斯本最大的斗牛场，里面有展示葡萄牙斗牛历史的展厅，值得参观。如果对斗牛不反感，可以考虑在这里观看一场正宗葡萄牙风格的斗牛表演。

空灵动人的音乐

法朵是一种已经具有150多年历史的葡萄牙音乐，至今在大街小巷的酒馆、都会里的咖啡室和会所都可听得到，其地位相当于西班牙著名的弗拉明戈。这种音乐擅长表达哀怨、失落和伤痛的情怀，特殊的吉他乐声与独唱者的特有腔调，空灵动人，令听者无不感到哀凄。

“法朵”一词据说源于拉丁文，意思是命运。

葡萄牙悲歌法朵来历不明，有阿拉伯、吉卜赛和更多的黑人血统。据称，其真正源于刚果，黑人将此歌舞形式带至巴西，但直至1819年，才有人在里约热内卢街头看到混血儿表演法朵。

1850年左右，法朵才来到葡萄牙，以唱为主。民间歌手们面向特茹河，为海员歌泣，凄怆动人。一时，妓女竞相习唱。

19世纪末，科英布拉大学生将少年男女爱情主题引入法朵，形成“北部唱法”。

北方威尼斯

圣彼得堡港

走进圣彼得堡，你可以看到接近白色的夜晚，由于圣彼得堡纬度很高，所以在夏季会出现特有的“白夜”景色。动植物资源多种多样，陆地上行走的动物各类各样，天空中飞翔的鸟儿让人眼花缭乱。由于圣彼得堡建在波罗的海东岸的涅瓦河口，整个城区分布在涅瓦河三角洲的岛屿上，许多河流穿越而过，别具水城风情，故有“北方威尼斯”之称。

［夏宫］

圣彼得堡原名列宁格勒，是俄罗斯第二大城市，也是一座古老的历史文化名城。对于圣彼得堡的游人来说，冬宫和夏宫是圣彼得堡的象征，借用一句俄罗斯的谚语：“阅读七遍描述圣彼得堡的文字不如亲眼看一下这座城市。”

奢华绝美的夏宫

夏宫位于芬兰湾南岸的森林中，占地近千公顷，是历代俄国沙皇的郊外离宫，建筑豪华壮丽，被誉为“俄罗斯的凡尔赛”。建造这座宫殿，集中了当时以法国、意大利为代表的全世界优秀的建筑师、工匠。彼得大帝也亲自积极地参加到工程筹划之中，并做了一些指示。今天保留下来的由他亲自设计的规划图纸等达十几幅之多。

圣彼得堡港位于俄罗斯位于波罗的海芬兰湾东岸、涅瓦河河口。河口两岸三角洲近百个岛屿上，涅瓦河自东南分别流入，自南向北主要有大涅瓦、小涅瓦和大涅夫卡河，以及小河和运河60多条，由400多座桥梁相连接，有“北方威尼斯”之称。圣彼得堡兼有海港与河港，是俄罗斯最大河港之一，是波罗的海—白海运河和波罗的海—伏尔加运河的起点，轮船可通白海、伏尔加河、里海、黑海和亚速海。该港从芬兰湾经波罗的海可直通大西洋，通往70多个国家和地区，以及通往国内广大地区。与北欧、西欧有定期航班相连。

> 圣彼得堡位于俄罗斯西北部，是世界上人口超过百万的城市中位置最北的一个，又被称为俄罗斯的“北方首都”。

夏宫所在的夏园，是俄罗斯最早的布局规整的花园。在夏园旁边的战神广场中央有一簇永恒之火，是为了纪念 1917 年及之后内战中牺牲的将士。

夏园里除多个景色宜人的林荫大道和若干个小广场外，最吸引游客的要数意大利大师创作的大理石雕像及著名的隆姆松喷泉了。大宫殿前是被称作大瀑布的喷泉群。喷泉群有 37 座金色雕像，29 座潜浮雕，150 个小雕像，64 个喷泉及两座梯形瀑布。在喷泉群一个大半圆形水池的中央，耸立着高 3 米、重 5 吨的大力士参孙和狮子搏斗的雕像，这就是著名的隆姆松喷泉。

> 圣彼得堡的冬宫是昔日俄罗斯沙皇的皇宫，现在称艾尔米塔什博物馆。冬宫一般被称为艾尔米塔什国立美术馆，它和中国的故宫，法国的卢浮宫、英国的大英博物馆、美国的大都会博物馆并称为世界五大博物馆，以古文字学研究和欧洲绘画艺术品闻名世界。

精雕细刻的古老冬宫

圣彼得堡是列宁格勒州的首府，与莫斯科相比，圣彼得堡更具皇家风范，市中心的冬宫是当时沙皇的皇宫。十月革命就是从停泊在涅瓦河上的“阿芙乐尔”号巡洋舰炮轰冬宫开始的。圣彼得堡因其风格鲜明的俄罗斯古典建筑享有盛名。这座城市以其独特的风格吸引着不同国家的来客。

冬宫外景

皇帝宝座

雕塑

[冬宫]

冬宫有从古到今的270万件艺术品，包括 1.5 万幅绘画、1.2 万件雕塑、60 万幅线条画、100 多万枚硬币、奖章和纪念章以及 22.4 万件实用艺术品。其中绘画作品闻名于世，包括 14—20 世纪 700 年的跨度，从拜占庭最古老的宗教画，到西欧各时期著名画派的经典之作，以及现代马蒂斯、毕加索的绘画作品和其他印象派画作应有尽有。

涅瓦大街是圣彼得堡最著名的历史街区，是圣彼得堡社会、文化中心。在街道两侧和毗邻的广场有很多歌剧院、图书馆、博物馆、音乐厅和电影院等。街区有大百货公司、食品点、教堂和名人故居等。这里的建筑依旧保持 18—19 世纪的风貌，每一幢建筑都精雕细刻。此外，涅瓦大街还是一个信仰宽容的地方，在这里东正教的喀山大教堂、新教的圣彼得和保罗教堂、天主教的圣凯瑟琳教堂、荷兰教堂、亚美尼亚教堂等。

[马林斯基剧院]

圣彼得堡的马林斯基剧院是俄罗斯文化的象征。1783 年，女皇叶卡捷琳娜二世在今天圣彼得堡剧院广场的音乐学院位置建造了石头结构的大剧院。

隐秘低调的生活

圣彼得堡是一座隐秘低调的“不夜城”，这里适合“静静地疯狂”，一些蓝调吧和 pub 极具特色，适合和朋友们温和地打发时间。圣彼得堡的音乐会类型选择很多，从古典、爵士到流行音乐会应有尽有，经常会有来自欧洲的流行乐队和歌手到圣彼得堡演出。伏特加是圣彼得堡男人的最爱美酒之一，也是朋友聚会或狂欢的必备品。伏特加酒无色透明，也没有中国白酒的香味，比较纯净。度数一般在 40 ~ 50 度之间。口味凶烈，劲大冲鼻，有着火一般的刺激。

如果到了圣彼得堡而不走进一次剧院，那这趟旅程就不算完整。马林斯基剧院是最广为人知的剧院，除此之外还有不少选择，如 Musical Comedy an Ballet 也是不错的选择。这个剧场在滴血大教堂附近，是一个原汁原味的古典剧场，和那种欧洲宫廷电影里演的一模一样，应该有百年的历史了，虽然很陈旧却非常有味道。

再说一下圣彼得堡特色食品：黑列巴也就是黑面包，由面粉、荞麦、燕麦等原料烤制而成，颜色很深，是俄罗斯人的主食。有一点酸酸的味道，还有点刺嗓子，但越嚼越能品出醇醇的麦香。黑列巴的形状像小枕头，外壳烤得很坚硬。如果放久了不吃，它就会硬得根本嚼不动，但是却保证了不会变质。黑面包极富营养，又易于消化，这是因为发酵黑面包用的酵母含有多种维生素和生物酶。

俄罗斯人的民族饮料是卡瓦斯。在俄罗斯已有 1000 多年的历史，至今仍然流行。

[伏特加]

[卡瓦斯]

[黑列巴]

[鱼子酱]

波罗金诺黑面包是黑列巴中的极品，这种面包的独特配方是在黑麦面粉中加入天然香草籽。

风情万种的海港

巴塞罗那港

站在巴塞罗那港看着鸽群、海鸥群和出入的大小游船，是一种纯粹的享受。在哥伦布的雕像前面，飞翔的海鸥根本就不怕人，它们会围绕在人们身边跳跃飞翔。

巴塞罗那港，是西班牙最大的海港。该港属河口海港，设有自由贸易区、基本港，为西班牙最大的件杂货港，是地中海岸十大集装箱吞吐港之一。

巴塞罗那港濒临地中海的西北侧，东北至马赛港185海里，东南至塞得港1590海里，西南至巴伦西亚港161海里，西北至直布罗陀513海里。港口海岸部分由人工填挖而成，从陆岸伸展十座突堤，走向略呈西南东北，外有自北向南伸展的长堤保护，船舶从南入港。

港内现有商业码头线总长12.1千米，前沿水深8～14米，水域面积300公顷。

旅游胜地

到巴塞罗那海港，吹着海风，看着夕阳，感觉甚好。巴塞罗那位于西班牙东北部，依山傍海、气候宜人，是地中海的黄金海岸和海滨度假胜地，有“地中海曼哈顿”之称。市区内哥特式、文艺复兴式、巴洛克式建筑和现代化楼群相互辉映，现代文明和古老文化结合甚好。巴塞罗那港是一座风情万种的港口，夕阳西下时漫步在Barceloneta海滩，变幻的金色、蓝色、紫色以及清凉的海风让人意乱情迷。

走在海滩大道上，海鸥在你左手边叼着游客喂给它们的吃食；右手边沙滩男孩刚刚出海归来，手拿冲浪板，带着微笑向你走来，画面简直不能再美了！各种肤色的胴体以各种姿势横陈在金色沙滩上、躺椅上，或罩着各式泳衣漂浮在海面上，不时有小贩穿梭人群中售卖饮料、水果和纪念品。

闭眼躺在滚烫沙滩上，耳畔荡漾着连绵不绝的海浪声、海鸥声和各国语言，温柔的海风拂过肌肤，时间在

[巴塞罗那港]

炽热的那一刻仿佛凝固，再多的语言都是累赘。美好的一下午，自然会出品对等的产物，比如黑亮的脊背，比如香艳的玉照。

新哥特风格教堂

巴塞罗那大教堂是巴塞罗那哥特区的一座哥特式建筑，是天主教巴塞罗那总教区的主教座堂。教堂主体以哥特式风格为主，细长的线条是主要特色，圆顶和内部结构则显示出新哥特风格。通过教堂穹顶边的电梯可以上到教堂顶端，饱览巴塞罗那老城风光。

大教堂回廊的各个祈祷室中供奉着各手工业行会的保护神。圣埃乌拉利娅礼拜堂中唱诗班的座椅、宗教壁画、雕塑和各式各样的金银器具华美夺目。此外，埃乌拉利娅圣女墓穴（她被作为“巴塞罗那保护女神”崇拜）和莱潘多基督祈祷室也值得特别留意。

圣诞节期间这里会有圣诞集市，很多人会冲着手工艺品而来。在泥塑的小人加上彩绘，正面看着好像跟别的泥塑小人没有区别，可它的背后是有“惊喜”的哦！在巴塞罗那的集市上人们喝不到热酒也吃不到香肠，但却可以买到喜欢的名人的 Caganer，也可以尝到本地美食。当然，在国外进教堂时应注意不能穿膝盖以上的裤子或裙子，上身也尽量不要太暴露，有些教堂甚至连拖鞋也是不能进入的。

[巴塞罗那大教堂]

巴塞罗那大教堂是一座宏伟的天主教教堂，整体设计以大自然诸如洞穴、山脉、花草动物为灵感。建筑师安东尼奥·高迪 (1852—1926 年）以他的天才和执着塑造了巴塞罗的生命。高迪的作品多在巴塞罗那有著名的米拉公寓和贵尔公园等，而巴塞罗那大教堂是他倾注了 40 多年心血的代表作。

一座城市，因一个人而变得熠熠生辉。20 世纪现代主义建筑之父安东尼奥·高迪于 1852 年诞生于离巴塞罗那不远的加泰罗尼亚小城雷乌斯，从小他就对建筑感兴趣，其铁匠父亲用辛苦赚来的钱供他完成了巴塞罗那建筑学校的学业。此后，他的一生便与巴塞罗那紧密相连。他的奇思妙想给这座城市带来了一系列出人意料、精美而独特的建筑，巴塞罗那也自豪地被称为“高迪的城市”。

3D 建筑

巴特罗之家是建筑师高迪和若热普·玛丽亚·茹若尔合作装修改造的一座建筑，以造型怪异而闻名于世。这座房子已建有 100 多年，并经从米拉之家、巴特罗公寓，到古埃尔礼拜堂和公园，再到倾尽心血的圣家族教堂，巴塞罗那几乎所有最具盛名的建筑物都出自高迪之手，在他一生的作品中，有 17 项被西班牙列为国家级文物，3 项被联合国教科文组织列为世界文化遗产。

［巴特罗之家］

巴特罗之家各处仿佛真实的童话，愉快而怀旧，散发着巴塞罗那浓郁的现代主义生活气息。在这里，成人与孩子一样都会浮想联翩。这就是高迪，把建筑变得这么有创意，有深度，在各种蜿蜒的线条及丰富的色彩下，融合成别具一格的美丽。

［巴塞罗那墨鱼饭］

据说数百年前西班牙的无敌舰队在征战中南美洲时，有一次一个炊事员用完黄色粉末，又一时无法购买，他干脆把原本准备扔掉的墨鱼汁用来替代黄色粉末。黑色海鲜饭做好后连厨师自己也不敢相信其味居然如此之美、之鲜。自那以后，墨鱼汁海鲜饭不仅写进了西班牙的传统菜谱中，还经过各地厨师的改良变得更加受人青睐。

历了多次整修。房子内部的设计秉承了高迪一贯的风格，没有棱角，全是柔和的波浪形状。

海洋元素贯穿整个宅内装修，房间顶部巨大的螺旋造型，像大海的漩涡一般向四周散开，而漩涡中心则装饰有海葵样的顶灯。一楼主厅是整栋房子最精华的部分，也是巴特罗全家居住的地方，拥有单独的入口和楼梯——这也是典型的高迪风格，大厅内部也随处可见充满现代风味的工艺品。

巴特罗之家唯一与高迪其他建筑不同之处是它的外墙。墙面全部是由蓝色和绿色的陶瓷装饰而成，这种奇诡的颜色组合，远望像印象派画家的调色盘，但色彩却出奇的和谐。

巴塞罗那墨鱼饭

在西班牙美食中海鲜饭占有很重要的地位，这里重点介绍一下巴塞罗那港的墨鱼饭。跟它的名字一样，外形比较不敢恭维，是在米饭上浇上黑黑的墨鱼汁，但只要你敢于打开味蕾，它的味道绝对会让你尖叫。

安谧小港

哥德堡港

在耀眼又迷人的哥特堡，可以享受海鲜饕餮盛宴，游览美丽的岛屿。在下午的夕阳下，慵散地坐在广场边的长椅上，闻着古典气息，人的心情也顿时豁然开朗。

[哥德堡马斯塔盖特教堂]

哥德堡坐落在瑞典的西海岸卡特加特海峡，是瑞典最大的河流——约塔河的出海口，全市有约人口80万，是一座风光秀丽的海港城，因最早由荷兰人设计建设，所以城市中有荷兰的某些特色。

哥德堡港位于瑞典西南沿海约塔河口南北两岸和河口以北的海峡沿岸，与斯德哥尔摩之间有一条运河相连，濒临卡特加特海峡的东北侧，与丹麦的腓特烈港隔峡相望，该港终年不受冻，成为瑞典和西欧通航的主要港埠。因为哥德堡地处哥本哈根、奥斯陆和斯德哥尔摩三个北欧国家首都的中心，有450多条航线通往世界各地，是北欧的咽喉要道。

古朴的教堂

马斯塔盖特教堂坐落在一片清静的民居中。教堂内部像个倒扣着的船，被认为是瑞典境内最好的中世纪和维京时期的怀旧民族浪漫风格建筑。哥德堡大教堂内部以白色为基调，辅以金色装饰，看上去非常高贵，教堂里很多装饰都是金色的，圣台下边有两个金色的带翅膀的天使十分漂亮。大教堂的男孩合唱团在此地颇有名气，很多国家的合唱团都来这个教堂进行过交流。作为哥德堡市的主教堂，这里是游客必到的地方。

花草天地

哥德堡植物园是北欧地区最大的植物园，每年有近

[斯堪森堡]

古堡的墙很高很阴森，在下面有种凄冷的感觉。但是爬上古堡顶端，又有另一番景致。

[沃尔沃博物馆]

沃尔沃是世界知名的汽车品牌，在拉丁语中，VOLVO 一词的含义为“I roll”，是“我勇往直前”的意思，因此 VOLVO 的含义为“滚滚向前”，象征着企业能够生生不息、永不止步的精神。

哥德堡的五家米其林餐厅擅长烹调不同的口味：

- Thörnströmskök 餐厅主营现代瑞典美食，烹调精到，精致细腻；
- 28+ 餐厅每道菜的配酒都很有讲究，值得关注；
- Sjömagasinet 主营鱼类和海鲜，能够让味蕾感受到海洋的滋味，口味很赞；
- Bhoga 餐厅居然每道菜的价格都相同；
- Koka 餐厅有性价比很高的美味佳肴。

50 万游客游览草本植物园区、可食用蔬菜园区和旺盛的长植被园区。然而真正珍贵的则要数岩石园区了，该区拥有 6000 多种不同的沼泽和背阴植物。玫瑰园中有多达 4000 种不同的玫瑰，温室内种植着另外 4500 多种植物，其中最具吸引力的当属复活节树。

哥德堡的斯堪森堡

斯堪森堡建于 17 世纪，其初始目的是用来防御丹麦的南面进攻，但城堡周围的炮台从未被使用，现在主要用于私人会议及聚会。斯堪森堡位于城市的制高点，要爬一段很长很长的楼梯才能到，上到城堡附近可以鸟瞰整个市区。

沃尔沃博物馆

哥德堡是瑞典的第二大城市，也是沃尔沃总部的所在地，因此沃尔沃博物馆也是必去景点。尤其是对汽车控来说，在这里可以欣赏到很多世界上独一无二的汽车。

沃尔沃博物馆展出了从出产于 1927 年的沃尔沃第一辆 ÖV4 开始到最新设计模型为止的除了轿车之外所有车型，沃尔沃生产的概念车、客车、卡车甚至还有飞机发动机也在展示之列。来到这里，沃尔沃 80 余年的发展历史一览无遗。沃尔沃博物馆有许多非产品类的珍贵藏品，包括格布里森和拉尔森早年创业时共用过的办公桌。

特色饮食

哥德堡有着新鲜丰富的海鲜种类，浓郁特色的地方风味，让这里成为名副其实的吃货天堂。哥德堡有五家米其林餐厅，吸引了世界各地无数专业的美食家前来探访，品尝各家的美味，其中有历久弥新的百年老店，也有继承传统的年轻餐厅，广受国际吃货们的好评。

披头士的故乡

阿尔伯特港

看着自由自在飞翔在海面的海鸥，人们会不由得对阿尔伯特港多一分悠闲和安静的遐想。热爱披头士的人们，还可以直接在阿尔伯特码头上的披头士历史故事馆实现心愿。

说到利物浦阿尔伯特港的历史，不得不提黑奴交易中黑色的一段。18 世纪的阿尔伯特港已成为繁华的大港之一，当时间来到 19 世纪，黑奴贸易把这个港口推向了最前台。第二次世界大战期间，这个码头也是德军的重点轰炸对象。这里饱含了历史的风雨洗礼。在阿尔伯特码头有很多纪念历史事件的博物馆和展览馆，其中最有名的要数利物浦默西河畔海洋博物馆，它讲述了利物浦港口的发展史以及一战、二战时期利物浦“全城参战”的故事，另外就是利物浦国际黑奴纪念馆，警示人们不要忘记那段黑暗的历史，抵制种族主义。

阿尔伯特港于 1846 年启用，当时英国正值第一次工业革命尾声，这个码头刚一建成，就立刻成了英国最繁忙的码头之一并很快发展为世界各地价值不菲的货物的集散地。今天，在耗资一亿多英镑改造后，它已改头换面，成为利物浦最繁忙、最国际化的中心之一，甚至整个海滨港口区都算世界文化遗产。

披头士的故乡

阿尔伯特码头上的披头士历史故事馆是世界上最大的、专门用于展出披头士乐队生平历史的永久性展馆。展馆位于阿尔伯特码头上联合国教科文组织世界文化遗产地，引领人们感受披头士乐队的音乐，了解其中的文化，以及乐队改变世界的故事。与披头士乐队一同经历那些岁月：披头士乐队最先征服的是利物浦的粉丝，然后乐队通过其最动人的表演赢得了全世界观众的喜爱。这其中有几个重要的地点，记录了他们的音乐生

[披头士历史故事馆]

The Beatles，英国摇滚乐队，由约翰 · 列侬、保罗 · 麦卡特尼、乔治 · 哈里森和林戈 · 斯塔尔四名成员组成。乐队成立于 1960 年，其音乐风格源自 20 世纪 50 年代的摇滚乐，并开拓了迷幻摇滚、流行摇滚等曲风。

[利物浦大教堂]

[香蕉羊]

香蕉羊是利物浦 2008 年欧洲文化之都的一个重点活动。阿尔伯特港安放着 125 个由利物浦多个社区和艺术团体设计的香蕉羊。香蕉羊的英文名字 (lambanana) 也是由羊 (lamb) 和香蕉 (banana) 这两个单词掐头去尾合并而成。香蕉羊有两层含义：第一，这是一个羊和香蕉的杂交品种，羊头，香蕉尾巴，都是基因工程惹的祸；第二，出口羊、进口香蕉是历史上利物浦港口的主要业务，香蕉羊就是用来纪念这段利物浦得以发家的历史。

涯，包括旧城区俱乐部、洞穴俱乐部和艾比路录音室。展馆用资料、图片、纪念品和关于保罗·麦卡特尼、林戈·斯塔尔、乔治·哈里森和约翰·列侬的采访录像来述说着乐队曾经的故事。

宏伟的大教堂

利物浦大教堂是英国最大的国教教堂，建筑风格融合了传统的哥特式和较为现代的纪念碑风格。单塔楼设计在当时是一种创新，塔楼高 101 米，内置世界第三大的钟。其外部不甚夺目，但是内部空间极高，空灵无比，并且可免费入内聆听唱诗班的赞美诗。

电视塔

站在圣约翰灯塔顶部，隔着绚丽的彩色花窗，可以远眺利物浦美妙的地平线。这里是著名电台城市之声、魔法 1548 以及城市访谈的发源地。在电视塔上，利物浦滨海区、威勒尔以及北威尔士的美景尽收眼底。

体验贵族式下午茶

提起英式下午茶，绝对是高贵和轻松自在的代名词。曼妙的红茶配上美味的甜点，下午茶的文化从维多利亚时期一直延续到现在。到阿尔伯特来不能不尝试这贵族般的礼遇，享受这高雅和精致的慢生活。

游览阿尔伯特，走进利物浦数个免费参观的博物馆，你会感受到这里厚重的文化底蕴。利物浦更因音乐和足球闻名于世。吉尼斯世界纪录将利物浦评为“世界流行乐之都”，披头士乐队（The Beatles）从这里开始了他们的摇滚生涯。来一次甲壳虫之旅，了解这个传奇乐队成长的点点滴滴，是一次别具一格的体验。

美人鱼的故乡

哥本哈根

蓝天、碧海、白云、清风，街边卖艺的流浪人拉着手风琴的悠扬乐曲，这就是哥本哈根的风景画。这座具有千年历史的港口，有数不尽的城堡建筑，阿美琳堡王宫、克里斯蒂安堡宫，尽显皇室尊贵；有充满浓郁的艺术气息的场馆，如皇家歌剧院、奥德罗普格美术馆，让人感受19世纪“黄金年代”的辉煌；有童话色彩浓厚的雕塑，如小美人鱼、吉菲昂喷泉，宁静而朴素。还有缤纷靓丽的海滩、不甘被束缚的克里斯钦自由城、充满欢乐的趣伏里乐园。

[小美人鱼雕像]

美人鱼铜像坐落在海边的一块巨大鹅卵石上，她是一个神情忧郁、冥思苦想的少女，铜像高1.5米，是丹麦雕塑家爱德华·艾瑞克森1913年根据安徒生童话《海的女儿》铸塑的。

早在16世纪开始哥本哈根就依靠波罗的海的海运发展而繁荣起来，时至今日，港边市区新兴的大型工业企业和中世纪古老的建筑物交相辉映，使它拥有了具有现代化都市的时尚，又具有古色古香的浪漫情怀。漫步岸边，一边欣赏色彩丰富的老物、鳞次栉比的啤酒屋和餐厅以及运河里竖着桅杆的各种木船；一边听着水手和招揽生意的烟花女子的调情，让人顿时消减了许多生活在童话里的遐想。

哥本哈根位于丹麦西兰岛东部，隔着厄勒海峡和瑞典重要海港马尔默遥遥相对。最初因靠波罗的海而繁荣发展，作为丹麦首都，它是丹麦政治、经济、文化的中心，全国最大和最重要的城市，是北欧最大的城市，也是著名的古城。

小美人鱼

以安徒生童话《海的女儿》为蓝本的美人鱼青铜雕塑是哥本哈根乃至丹麦的标志。小美人鱼现位于哥本哈根长堤公园的港口岩石上，在“海的女儿”中，小美人鱼15岁时救了一名王子并倾心于他，但是王子离开了她。然而，痴情的“小美人鱼”仍然日复一日地坐在海边的岩石上，等待王子归来。2012年，在小美人鱼遥望的赫尔辛格岛上，雕塑家埃尔姆格伦及德拉格桑特完成了王子雕像，小美人鱼等待了百年之后，终于不再孤单。

[哥本哈根歌剧院]

哥本哈根歌剧院是世界上最现代化的歌剧院之一。其修建费用超过500亿美元，也是世界最昂贵的歌剧院之一。

女王的宫殿

如果你看到王宫广场上的旗帜是升起的，那说明丹麦女王正住在里面。这座王宫由四座相同的建筑组成，目前，游客可参观四座宫殿中的两座：克里斯汀八世宫和克里斯汀七世宫。从外观看，皇宫群很宏伟，建筑层数不高、多数只有两层，但是建筑群几乎环绕了整个皇宫广场。

[阿美琳堡宫]

[克里斯蒂安堡宫]

宫殿主要开放参观的是一些不同年代国王用过的书房，比如 Christian X 的书房等，有一间书房的地面上铺着白色北极熊皮毛的地毯。还有皇族服饰展，主要是一些过去的服饰，然后就是一些文字介绍还有皇族的家谱图等等。皇宫前的士兵换岗值得一看，虽然这在北欧各国都有，比如挪威皇宫、瑞典皇宫，但你可以比较各国仪式的异同之处以及不同国家士兵的装束，还是挺有趣的。

阿美琳堡宫周边的景点很多，皇宫广场对面就是腓特列教堂，这里一个绿色的穹顶教堂，号称全欧洲排名第四大的教堂，前三大当然都在罗马，能修建一个在欧洲范围内排名如此靠前的教堂，可见丹麦在历史上的强盛。另外著名的小美人鱼雕塑、吉菲昂喷泉以及哥本哈根的代表景致新港都在附近，步行就可以前往参观。

[吉菲昂喷泉]

吉菲昂喷泉由吉菲昂女神和四条牛及套犁等一组铜塑组成。吉菲昂是北欧神话中的一位女神，相传古代瑞典有个叫戈尔弗的国王，答应吉菲昂女神可以从瑞典国土上挖出一块土地，但限时一昼夜，挖多少算多少。于是吉菲昂女神就把她的四个儿子化为四头牛，用犁从瑞典国土上挖了一大块土地，并把它移到海上，从此，瑞典的国土上留下了一个维纳恩湖，而挖出来的土地就是现在哥本哈根所在的西兰岛。

冒烟的港口

雷克雅未克港

雷克雅未克港西面临海，北面和东面被高山环绕，拥有许多温泉和喷气孔。每当朝阳初生或夕阳西下，两面的山峰便出现娇艳的紫色，海水变成深蓝，使人如置身画中。

雷克雅未克是冰岛的首都，除了拥有其他港口城市相似的海洋资源之外，雷克雅未克有着天然的地热资源，“雷克雅未克”的冰岛语意为“冒烟的城市”，在这里看不到其他城市常见的烟囱，因为地热资源已经足够他们使用，在市内有集中的供暖和热水管道，因而空气清新、无煤烟困扰，该市得到一个“无烟城市”的美誉。

[雷克雅未克港]

濒临大西洋的东北侧，与北极圈相近，是冰岛最大的海港。

飞流直下三千尺

居德瀑布别名黄金瀑布，为冰岛最大的断层峡谷瀑布，塔河在这里形成上、下两道瀑布，下方河道变窄成激流。在阳光的照射下，瀑布喷溅的水珠折射出一道彩虹，散发着锻金般的光彩，瀑布也因此得名。

间歇泉

间歇泉，顾名思义是间歇喷发的温泉，多发生于火山运动活跃的区域。大间歇泉位于地热活跃的豪卡道鲁山谷，是冰岛最大的间歇泉。每次喷发之际，只听洞内隆隆作响，渐渐地，响声越来越大，而沸水也随之升涌，最后冲出洞口，向高空喷射，水柱变成蒸汽直冲上天空约二三十米高，又随即化作琼珠碎玉落下。每次喷发过程大约持续 1 ~ 2 分钟，然后渐归平息。这一过程周而复始，不断反复，十分壮美。

雷克雅未克位于冰岛西南沿海法赫萨湾内的科拉湾的南岸，濒临大西洋的东北侧，与北极圈相近，是冰岛最大的海港。由于地处暖寒流汇合处，所以有世界屈指可数的渔场。主要工业有鱼产品加工、电力、炼铝、食品、化肥、水泥及造船等。

冰岛是世界上观赏北极光的最佳地点之一，连在雷克雅维克市内都能看到极光。要在雷市一带看的话，最好是去塞尔蒂亚纳海边，那里远离市区光源，不受光污染干扰，可以全情投入。

一个有故事的地方

康斯坦察港

走进康斯坦察港，你会看到平阔的海滨浴场，随风而动的海浪，更有趣的是五颜六色的遮阳伞宛如竞相开放的花朵。

[百年灯塔]

在海边保留着 1300 多年前热那亚人建造的灯塔。灯塔高 7.9 米，为该市重要的历史建筑。

康斯坦察是罗马尼亚最古老的城市之一，已有 2500 年历史。早在公元前 6 世纪，古希腊人就曾在葛特人居住的黑海建成一座名为托米斯的城堡。之后，这个好客的海港迎来无数商贾，这一地区逐步繁荣起来。

公元 14 世纪时，拜占庭国王康斯坦丁将托米斯改名为康斯坦察。历史给康斯坦察留下了十分丰富的文物古迹，特别是海港台地，被誉为考古学家的“金矿”，在这里出土了无数珍贵的文物。

如今，康斯坦察市公园就建在托米斯城的遗址上，公园里到处是古城墙、石柱、石棺和一些残缺不全的雕像。在托米斯古港口旧址上，建有康斯坦察国家历史和考古博物馆，馆内珍藏着许多无价之宝。在海边保留着 1300 多年前热那亚人建造的灯塔。城内，有建于公元 3—4 世纪的古罗马建筑；城外，有拜占庭城堡的遗迹。

康斯坦察这座历史悠久的古城已被建成一座美丽的城市。市内建筑布局协调，样式新颖，色调美观。这里优美的自然风光名扬四海，是罗马尼亚最大的海滨休养地和夏季旅游中心。附近 75 千米长的海岸线已建成旅游区，有数百座旅游宾馆和饭店。这些高层建筑有方形、梯形、菱形、扇形等，风格各异，色彩斑斓。优越的自然条件、齐备的娱乐设施，使康斯坦察成为国际上闻名的旅游胜地。

康斯坦察位于黑海西岸的多布罗加地区，是罗马尼亚康斯坦察县的首府和最大城市，也是连接黑海和多瑙河的运河的终点。该城市是罗马尼亚现存最古老的城市，也是该国第五大城市，其康斯坦察港是黑海最大的港口，也是欧洲最大的港口之一。

奇妙的海洋世界

热那亚港

热那亚的旧港是个很美丽的港口，也很热闹，它是繁忙的交通枢纽，也是繁荣商业的集散地，同时还是娱乐、商业区。沿着港口的海边建有热那亚水族馆、海洋博物馆、电影院、咖啡馆和美丽的滨海长廊娱乐区。

热那亚港地理位置优越，自古以来就是沟通地中海沿岸地区与欧洲大陆之间的重要通道。早在公元前 3 世纪时即为罗马帝国的自治城市。4 世纪时，就成为利古里亚地区的重要贸易中心。在第二次世界大战后期，热那亚遭到战火的破坏。随着世界范围的经济恢复，海洋运输业活跃，热那亚港抓住机遇不断发展扩大，不仅成为意大利的第一大商港，在地中海各港口中，地位仅次于法国的马赛港，位居第二，也是意大利的重要工业中心、金融中心之一。

热那亚港位于意大利亚平宁半岛西北海岸的热那亚湾顶端，濒临利古里亚海的北侧，是意大利的最大海港之一。水域面积达 230 万平方米，有两条防波堤防护。港区由老港、新港和油港三部分组成，岸线总长约 30 千米，可停靠 200 艘船只，其中 100 艘可同时装卸。

热那亚市区拥有历史悠久的罗马式和哥特式教堂及建筑物，最值得了解的就是热那亚水族馆，它是意大利最大、欧洲第二大的水族馆，同时也是世界最重要的水族馆之一，为 1992 年世界博览会修建。水族馆拥有 71 个水族箱，其中生活着 600 多种海洋动物和植物。在众多海洋生物中，比较大型的海洋生物有鲨鱼、海豹以及企鹅等。热那亚水族馆中的很多水族箱都试图还原真实世界中的海洋环境，其中最大限度地还原了南极地区、地中海、红海、亚马孙河以及印度洋等的海洋环境。水族馆的后面延长修复了一艘 100 米长的船，船和热那亚水族馆用通道连接。在船甲板上的墙壁实际上是虚拟的水族箱，游客经过这里时，都会听到巨大的海浪声。

[热那亚水族馆]

热那亚水族馆是由兰佐·皮阿诺和皮特·切梅耶夫两位建筑师共同设计的。水族馆的外观就像是一批货物集装箱整齐地排列在船上一样。其目的在于教育人们懂得如何去经营管理和有义务地保护地球上的水生自然环境和资源。

峡谷边的海港

马赛港

马赛港位于城市的港湾内，周围云集着各色餐厅与博物馆，码头仅供游艇和渔船通行。每天清晨的鱼市让港口成为市中心最热闹的地段，各家渔民的摊位沿着旧港石台一字排开，出售凌晨时分刚刚捕捞回来的新鲜活鱼，现场宰杀与清膛，不仅种类繁杂，而且因为省去了经销渠道，价格相当实惠。

马赛港位于法国南部、地中海北岸罗纳河出口外，是法国第二大城市和最大港口。海湾水深面广，少险滩急流，海潮涨落变化不大，能见度好，非常适合船只的停泊和航行。除了海运，该港口腹地的公路、铁路、空运及内河交通也十分便利，这些有利条件使马赛港成为对非洲、亚洲太平洋地区的主要贸易港。

马赛港原是天然港口，有2600多年的历史。把时间推至公元前600年的一天，一群勇敢的希腊人经过数天的旅途后，终于在地中海一个海湾找到了他们的登陆点：也就是今日的马赛老港，并在此建立了一个贸易聚集地。最初马赛港仅限于利翁湾东侧的拉西奥港湾，它是一个渔港，后来逐渐发展成商港。随着贸易活动的日益繁忙，1789年马赛港已成为一个世界性港口。今天的马赛港已成为法国最大的贸易港和世界最大的客运港之一。

[守护圣母圣殿]

1853年，当时的马赛主教委托建筑师雅克·亨利·埃斯佩朗迪厄设计教堂，1864年9月11日奠基。守护圣母圣殿的钟楼高60米，顶部是圣母的巨大雕像，高约11.2米，据说，几乎在马赛的任何角度以及数里外的海上都可看到这尊闪闪发光的圣母像。

最有看头的天主教堂

立足马赛港老港边远望，南面山顶与守护圣母圣殿形成一幅美丽的构图。圣殿兴建于1214年，原本是一间小圣堂，后来法兰西一世国王又兴建军事碉堡，才逐步形成今日的宏伟建筑。而这种背景，在圣殿内部也有呈现，因为殿里不仅雕刻着美丽的壁画，同时也有许多船舰模型和战争勋章。

[伊夫岛基督山伯爵的监狱]

因《基督山伯爵》为伊夫岛这么一个不甚起眼的小岛赋予了些许传奇的色彩。伊夫堡是一个战略要塞，由法国国王法兰西斯一世于1529年修建，用于保护马赛港，防止他国入侵，并可停泊皇家炮舰。后来被改为国家监狱，用于囚禁重要的政治犯，传说中路易十四的孪生兄弟铁面人，以及3500名新教徒被投入这里后送往马赛当苦役或被处死，当然所有真正被囚禁过的人都不及大仲马书中的唐泰斯和法里亚长老著名。

基督山伯爵的监狱

伊夫岛曾经是关押基督山伯爵的监狱，可现在看起来倒像一片净土，很少游人，海面辽阔，除了海水拍打着岸边礁石的声音，及信天翁呱呱咕咕的叫声，安静极了。起初，这个小岛一直无人居住，国王法兰西斯一世在1516年驾幸此地时，充分意识到了它的防御价值，而是下令在此建起堡垒，即伊夫城堡。这是一个坚不可摧的工事，后来成为国家监狱，曾囚禁过许多王子、王公贵族的后代。

《基督山伯爵》和《铁面人》是两个为世界读者所熟悉的传奇形象，他们的共同点除了均出自法国作家大仲马笔下外，还包括都曾被囚禁在法国南部的一座孤岛——伊夫岛上。

圣十字湖

圣十字湖位于凡尔登大峡谷的谷口，在半山腰就能看见圣十字湖的全貌。山谷的空旷之地形成内湖，湖水呈湛蓝色，清澈见底，在湖中可以搭乘脚踏船或皮划艇游览。

从圣十字湖步行即可到达陶瓷小镇，这个法兰西的“景德镇”被誉为法国最美的小镇之一，小镇位于石灰山崖间，自然景色美轮美奂，小镇上的瓷器博物馆由彩陶科学院和瓷器爱好者创立，里面展出了400件陶瓷单品，种类十分丰富。此外，薰衣草之乡瓦伦索勒距离圣十字湖也只有30分钟左右的车程，可以自驾前往。

[圣十字湖]

巴黎外港

勒阿弗尔港

勒阿弗尔港以其作为"巴黎外港"的重要的航运地位而著称。勒阿弗尔拥有法国最古老的勒阿弗尔足球俱乐部，圣若瑟教堂是勒阿弗尔市最著名的标志之一，还有圣米迦勒教堂、圣文生教堂、圣弗朗索瓦教堂、圣安娜教堂、船主之家和格莱维尔修道院，见证了勒阿弗尔的悠久历史。

[圣若瑟教堂钟楼]

勒阿弗尔港位于法国西北沿海塞纳河口北岸，濒临塞纳湾的东侧，是法国第二大港和最大的集装箱港，该港承担法国与南、北美洲之间的货物转运，并且是来往西班牙、葡萄牙、爱尔兰和苏格兰的理想中转港口，能比北欧港口节约三四天时间。还有高速公路与铁路通往巴黎，仅需2小时，并与整个法国和西欧地区连接起来。

勒阿弗尔位于塞纳河河口，濒临英吉利海峡，是法国北部诺曼底地区的继鲁昂之后的第二大城市，以其作为"巴黎外港"的重要的航运地位而著称，在法国经济中具有独特的地位。

创建于1517年勒阿弗尔在第二次世界大战期间遭受了盟军的猛烈轰炸，因而失去了许多珍贵的历史建筑，遗留的可谓是瑰宝，由奥古斯特·佩雷主持重建的勒阿弗尔城于2005年被列为世界文化遗产。这座城市的宗教建筑众多，包括勒阿弗尔主教座堂、圣若瑟教堂、圣米迦勒教堂、圣文生教堂、圣弗朗索瓦教堂、圣安娜教堂、圣母教堂和格莱维尔修道院，其中圣若瑟教堂是该市最著名的标志之一，拥有高达106米的钟楼，是法国最高的钟楼之一。而格拉维尔修道院的保存至今可以说是非常不容易的，这里备受历史所带来的创伤，先后经历了北欧海盗的劫掠、英法百年战争、法国大革命，第二次世界大战等事件。二战结束后，这里终于恢复了平静，也开始慢慢进行修复，合唱队也开始重组，修道院慢慢地恢复了元气。1952年，这里开设了博物馆，将所历经的种种事件陈列在游客们的眼前。

除此之外，勒阿弗尔的博物馆也不能错过，可参观美术博物馆、老阿弗尔博物馆和自然史博物馆，其中美术博物馆收藏了过去5个世纪的艺术品，包括莫奈和其他生活或工作在诺曼底的艺术家的作品。

历史悠久的老港口

扎达尔港

扎达尔港西临亚得里亚海，与乌格连岛和帕什曼岛被一条狭窄的扎达尔海峡分隔开来，而扎达尔老城所在的海角曾经被一条很深的护城河与大陆分隔开来，后来护城河被填充。景点有考古博物馆、海洋陈列馆，且多中世纪教堂和罗马建筑遗迹。

有证据显示，早在石器时代晚期扎达尔地区就有人类活动，扎达尔是一个利布尔尼亚人的居民点，在公元前 9 世纪就建立了城市，最初城市建在一个小石岛上，老城的海堤与大陆之间通过一条狭窄的地峡连接在一起，这样的地理特点也造就了海峡北部的天然良港。但是随后扎达尔地区的历史一直围绕着经济、战争、破坏不断展开，直接 1995 年才最终真正地结束了这种动荡不安。

海洋与扎达尔港有着密不可分的联系，就连音乐都由海浪演奏，这就是扎达尔港著名的海风琴。

海风琴由几级长长的石台阶组成。石台阶是白色的，面对着蓝色的亚得里亚海。白色的石阶下暗藏着大型风琴管，海水拍打和潮汐涨落都会在风琴管中自动形成气压的变化，从而产生神奇的声音。很多游客专程来扎达尔就是为了听到这大海的演奏。尽管说实话曲调没什么旋律感，但还是让人不得不感叹设计的精妙和大自然的神奇。

扎达尔港是克罗地亚著名的海港，位于达尔马提亚（Dalmatia）的最北部，西临亚得里亚海，与乌格连岛和帕什曼岛被一条狭窄的扎达尔海峡分隔开来，而扎达尔老城所在的海角曾经被一条很深的护城河与大陆分隔开来，后来护城河被填充，停泊条件良好的扎达尔港位于城市东北面，港口设施完备、宽敞、安全。

[海风琴码头]

古色古香的海港

瓦莱塔港

瓦莱塔港城内有多座古色古香的建筑，多源自骑士团统治时期。曾经保卫一方的碉堡已改设为公园，供游人观赏海港以及马耳他岛上的景色。

瓦莱塔港位于马耳他5个岛屿中最大的马耳他岛上东北端马耳他湾的一个狭长半岛上，处于地中海中心地带，靠近西西里，是许多重要海上路线的枢纽，素有“地中海的心脏”之称。

自古以来马耳他在地中海地区就占据着重要的战略位置。它曾几番沦落到外族的统治下，相继由腓尼基人、希腊人、迦太基人、罗马人、拜占庭约翰骑士团统治。他们创造了在方圆55公顷的土地上耸立320座纪念碑的历史，这使瓦莱塔成为世界上最集中的历史文化区。这里有着宏伟悠久的建筑，拱门、戏院等构成了城市辉煌的一景；也有马耳他骑士团时期修建的大公宫、圣约翰联合大教堂、小酒肆等最早的城市规划典范建筑。

[圣约翰大教堂]

始建于1573年，是骑士团首领拉卡西尔为使瓦莱塔能够完全取代当时的首都伯尔古而兴建，并由其本人出资，它是骑士团自己的教堂，也是最主要的教堂，是首领和骑士举行重大宗教仪式和祭祀的场所。教堂外观苍白、朴素，但内部装饰却丰富多彩。圣约翰大教堂是基督教世界最奇妙最吸引人的教堂之一。

最奇妙、最吸引人的教堂

圣约翰大教堂坐落在瓦莱塔古城市中心，是马耳他的地标性建筑。教堂内部陈列着意大利画家卡拉瓦乔的重要作品《被斩首的施洗者圣约翰》。至今，其地下墓穴中还安放着马耳他骑士团首领的遗体。

教堂从外部看起来朴实无华，但内部却丰富多彩。其建筑风格为巴洛克式建筑，部分细节模仿哥特式风格。

教堂内部的装饰华丽，各种大理石雕刻极为罕见。大教堂的地下是墓穴，地面上的每一块墓碑下面都安放着圣·约翰骑士团首领的遗体。内部装饰华丽，各种大理石雕刻非常精美。教堂整个圆顶内部是大壁画。

瓦莱塔有“三多一少”：

• 一多，城市多：共有 46 个城市地方市政委员会，所谓一个城市，实际上就是一片街区。

• 二多，教堂多：仅瓦莱塔一地就有 300 多座教堂。

• 三多，游客多：全年有 300 多万游客来马耳他旅游。

• 一少是原居民少，瓦莱塔石头城里的原居民不到 300 人。

瓦莱塔城市花园

上巴拉卡和下巴拉卡花园是位于瓦莱塔市区的城市花园。海拔偏低的下巴拉卡花园中主要是罗马风格的大理石寺庙。较为著名的上巴拉卡花园位于大港口之上，有免费的城市电梯连接上下两处。里面是观赏对面三姐妹城风景的绝佳地点。在下巴拉卡花园有一排 11 座礼炮。这些礼炮自 16 世纪以来主要用于报时，一直到 1960 年，当时每天日出及日落时，礼炮鸣声，代表上下班及城门

[上、下巴拉卡花园]

上、下巴拉卡花园原为意大利骑士的私人花园，也是瓦雷塔防御工事的一部分，视野极佳，不仅可俯瞰瓦莱塔的港湾城区，更可以眺望整个大港。位于瓦莱塔东南角的上巴拉卡花园，又称为意大利瞭望台，花园中竖立着记载马耳他历史的大理石板，以及纪念一些伟人的雕像和塑像。下巴拉卡花园较之稍小，但可以模拟当年护城以及报时的礼炮。

开关时间。如今这里每天中午 12 点都会放礼炮。

走进上巴拉卡公园的大门是花坛喷泉。前方和左侧有石材垒砌的高拱廊。

往城墙下看，有矮一些的“瓮城”等防御设施。瓮城的城墙上是个炮台，有一排铁炮摆放在那里。这里原来是意大利骑士的私人花园，属于城市防御工事的一部分，因此又名意大利瞭望台。中间的拱廊有两排，拱廊的外边就到了花园顶端，可俯瞰整个马耳他“大港”和对岸的“三座古城”。

欧洲的十字路口

塔林港

塔林港是北欧唯一一个保持着中世纪外貌和格调的港口。风景秀丽古朴，而塔林则一座童话般的小城，是波罗的海岸边的一处恬静的所在。

塔林港位于波罗的海东海岸，东与俄罗斯接壤，南与拉脱维亚相邻，北邻芬兰湾，与芬兰隔海相望，西濒里加湾，它是爱沙尼亚的重要商港、渔港和工业中心，港口吞吐量在波罗的海各港口中名列第二，仅次于拉脱维亚的文茨皮尔斯。塔林三面环水，是北欧唯一保持着中世纪风貌的城市，1997年塔林古城被列为世界文化遗产。

10世纪芬兰—乌格尔族居民在通匹亚白垩高原上建造了一座要塞，塔林即由此而来。随着人口与贸易的需要，当地人又在山脚下为港口建立了贸易区，以服务于北欧航海贸易。作为军事要塞，塔林有着完善的防御设施，同时教皇的统治，给塔林的建筑增添了许多的教堂及修道院。而后的800多年，塔林伴随着波罗的海历史，在城墙、碉堡、广场、教堂、修道院、彼得大帝的行宫、古老行业街道等建筑物烙下了中世纪不可磨灭的烙印。

[塔林坐堂山下老城区]

塔林老城区分为两个部分，一部分是坐堂山，位于城市的石灰岩小山坡上，四周有坚固的城墙撑起。另一部分是塔林老城区，位于坐堂山下，四周有城墙和城门守护，与外界“隔绝”。历史上塔林统治者在坐堂山上居住，与下方老城分开而治。塔林老城区不大，到港口约900米，到机场约三四千米。

相比起布拉格而言，塔林更加精致，且有城墙的包围自成一体。塔林虽然没有布拉格那条文艺的河和众多的艺术之桥，但它临近海边，也不失浪漫风格。尤其冬天的塔林别有一番情趣。

塔林分为上城和下城。上城是中世纪建造的古城，下城是近一二百年建造的新城。据当地人介绍，由于爱沙尼亚是小国，人口少，实力弱，在历次战争中常不战而降，因此老城没有遭到破坏得以保存。老城里多的是教堂，尖尖的钟楼仰头即见，高高地插入云端，壮观庄严。老城的街道都是用小小方方的石块铺成的，经过千年的磨砺，光可鉴人。老城的街道很窄，但基本上没有汽车行驶，城市虽然很小，但文化气息浓厚，俄罗斯文化、日耳曼文化、芬兰文化、土著文化交融相映。

1997年，塔林老城作为塔林历史中心被联合国教科文组织收录为世界文化遗产。

联合国教科文组织对塔林老城的评语：塔林早在13世纪由十字军的条顿骑士团所建的城堡基础上逐渐发展起来，以后成为了汉萨同盟的一个重要的中心。

塔林还在2011年当选欧洲文化之都。

[圣奥拉夫教堂]

塔林老城最高的教堂——圣奥拉夫教堂。教堂建于13世纪，原高159米，现高124米，有258级盘旋楼梯。

[亚历山大 · 涅夫斯基大教堂]

亚历山大 · 涅夫斯基大教堂是中世纪时的一名俄国大公，击败了德国和瑞典的入侵，被视为斯拉夫人的民族英雄，教堂以他的名字命名。

[曼彻斯特港]

24小时不眠港

曼彻斯特港

曼彻斯特港已经发展出一种“早餐要饮香槟酒”的闲情逸致，跨进了打扮时髦、到处聚会的青春少年时代。混迹于满城的“派对人”之中，你也许会发现，无论足球、音乐、艺术、工业，或是生活方式，甚至购物，在这里，居然都可以成为“派对”，因此曼彻斯特港被誉为“24-hour party town”。

曼彻斯特港位于英国西海岸中部默西河的下游，共包括曼彻斯特船舶运河、伊丽莎白二世船坞、默西河及伊韦河的能航行部分以及韦弗河至弗罗夏桥的一段。曼彻斯特运河东起伊斯塔木，西至曼彻斯特船坞，还包括爱尔斯米尔港区，是英格兰中部的主要港口之一。

曼彻斯特历史悠久，早在公元79年罗马人就曾在这里建立要塞，以控制从奔宁山麓到海边的通道。曼彻斯特港有方便运输的运河、充足的水和煤炭供应，加上进取和创新的文化传统（理查德·阿克赖特发明的蒸汽纺纱机就是代表）。14世纪，法兰德斯的羊毛和亚麻纺织工人在这里定居下来，开创了最早的纺织传统，并为小镇在18世纪加工从美洲殖民地运来的棉花奠下良好的基础，这促使了经济繁荣并发展成除了伦敦之外英国的第二大繁华城市。

艺术电影及视觉艺术

曼彻斯特集中了英格兰西北地区有影响的乐团、剧院、博物馆、体育场等文化娱乐设施。

曼彻斯特劳瑞是个大型综合艺术中心，早在 1858 年由查尔斯·哈雷先生在此创办的哈雷乐团在世界乐团享有盛誉。

“角屋”很早就号称是“曼城的艺术电影及视觉艺术的中心”，背后有不少基金组织支持，其特点是绝对不俗的品位。

[曼城角屋]

老特拉福德体育场

坐落于曼彻斯特的老特拉福德体育场有“梦剧院”的美称。老特拉福德球场是全英国第三大球场，是全欧洲第十一大的球场。老特拉福德体育场是曼联球迷眼中的圣地。

曼联的传奇球星博比查尔顿爵士曾称呼老特拉福德为“Theatre of Dream”（梦剧场）。

老特拉福德是英超球队曼联的主场，并拥有 75957 个座位。

独特的酒馆文化

酒馆是英国人的“第二个家”，在曼彻斯特城，因为音乐产业发达以及众多的是球队，不少酒吧有风格多样的现场乐队和球迷酒吧；运河街上的“同志村”周边，更有不少另类的仓库式酒馆。“4 小时派对人”便在这些地方。

曼彻斯特大学

曼彻斯特大学，简称曼大，创立于 1824 年，是英国著名的六所“红砖大学”之首。校舍主要分布于市中心的 OXFORD ROAD 两侧。

[曼彻斯特大学]

曼彻斯特大学，英国大学中世界排名最高的八大最著名学府之一，世界 50 强顶尖名校，历年最高世界排名为全球第 26 名，英国“常春藤联盟”罗素大学集团的创始成员之一，始建于 1824 年，该校校友中共有 25 位诺贝尔奖得主。

曼彻斯特大学由维多利亚曼彻斯特大学和曼彻斯特理工大学（UMIST）合并而成。

英国第二大唐人街

对于长期生活在海外的华人或吃腻了西餐的游客来说，能吃到家乡的美味一定是件再幸福不过的事情了。曼彻斯特城的唐人街是英国第二大的唐人街，在这里聚集了众多的中国餐馆和泰国、日本餐厅等亚洲餐厅。除此以外，还有许多大型的华人超市出售进口的中餐食材和饮品等。

[曼彻斯特唐人街]

曼彻斯特唐人街被夏洛特街、波特兰街、牛津街和莫斯利街包围，亦是英国北部地区最集中的华人社区。

文化圣地

都柏林港

都柏林临大西洋爱尔兰海的都柏林湾，利菲河弯弯曲曲地穿过城市中心，自然风光迷人，水运也十分发达，时常能看到各式的轮渡停靠在都柏林的各个港口，来往穿梭的人群与远处的海岸线遥相呼应，也是一道亮丽的风景线。

都柏林港自中世纪以来一直是爱尔兰岛上最大的城市，作为爱尔兰共和国的首都，许多高技术企业汇聚于此，都柏林素有欧洲硅谷之称。据称，都柏林名列世界最富裕城市的第五位，同时也被列为世界上生活开支第三高、收入第二高的城市。

在都柏林，人们不仅可以感受文化的熏陶，还能观看最具特色的舞蹈表演。因为这里不仅诞生了诸如

都柏林港位于爱尔兰东海岸中部利菲河的入海口，都柏林湾的顶端，濒临爱尔兰海的西南侧，是爱尔兰最大的港口，其进出口贸易占全国对外贸易总额的一半，除了海运，陆运、空运都有定期线路直到欧洲、北美洲、中东和非洲等地，都柏林是爱尔兰当之无愧的交通系统中心。

[都柏林圣三一学院]

当初建立学校时，由于负责创校的都柏林大主教亚当洛夫毕业于剑桥大学三一学院，故亦将新学院以“三一”为名，现在的都柏林三一学院前庭格局与剑桥大学三一学院非常相似。

[都柏林港]
都柏林港不仅拥有优良的港口优势，在铁路、公路、运河向西部腹地呈辐射状分布，机场距市中心约10千米。

萧伯纳这般的大文豪，也是享誉世界的爱尔兰传统踢踏舞舞剧《大河之舞》发源地。此外，爱尔兰最优等的学府也聚集于此，如都柏林大学、都柏林圣三一学院等。在这些校园里闲庭散步，看着学生们来来往往，看图书馆内的万卷丛书和认真阅读的学生们，也别有一番风味。

都柏林圣三一学院是爱尔兰最古老的学院，由伊丽莎白一世建立，这是一座久负盛名的高等学院，多名诺贝尔奖得主都出自这里。学院的建筑由两个方形庭院组成，古老的城墙围绕着石砖建造的大楼，铺满碎石的小径、绿油油的草坪和高高的钟楼让校园看起来既有浓郁的文化气息，又充满了自然风采。

爱尔兰人喜欢喝啤酒，有着以啤酒为主题的展览馆，楼高共8层，包括黑啤酿造过程、企业发展史及产品展示，参观完后还有现场教学，教你如何酿造一杯属于自己的黑啤。在这里一边喝着免费的香醇黑啤，一边在顶楼不失为一种享受俯瞰都柏林的无限风光。

皇家王室居住地

伦敦港

伦敦的景点沿着泰晤士河蜿蜒分布，步行搭配地铁是最方便的出行选择。伦敦的皇家地标众多，白金汉宫、大本钟、伦敦塔桥、西敏寺让你感受全球最著名王室的真实一面。喜欢博物馆和艺术品的朋友，伦敦则有大量免费或以低价开放的顶级展馆可以选择，大英博物馆、英国国家美术馆、自然历史博物馆、泰特美术馆、V&A，每个都是一流的文化之旅。喜欢徒步或骑行的旅行者在伦敦可以亲自来丈量这座城市的魅力，大量遗存的历史街道、五光十色的广场和生机勃勃的公园，都是伦敦最好的注解。

早在公元43年，罗马帝国的军队就在大不列颠岛登陆，他们首先选择了泰晤士河北岸的一块土地，将其辟为通商的港口，后来垒起石墙，成为永久据点，这是最早的“伦敦城”。

随着封建帝王之间的权利变更，伦敦几经易主，并几番遭到毁灭和重建。公元9世纪，伦敦开始成为英格兰最大的城镇。到了15—16世纪，伦敦已发展成为世界上最重要的贸易中心，工业革命的爆发，使伦敦获得了前所未有的发展机遇，18世纪，人口就超过100万的伦敦，成为世界级的大城市。

伦敦港位于英国东南沿海泰晤士河下游的南北两岸，从河口开始向上游伸延经蒂尔伯里港区越过伦敦桥，直至特丁顿码头，伦敦港是英国第一大港，伦敦作为英国首都，也是政治、经济、文化和交通中心。长期以来伦敦是世界上最大的航运市场，世界上主要的航运、造船和租船公司，都在伦敦设有代表机构。

[白金汉宫]

白金汉宫是英国君主位于伦敦的主要寝宫及办公处。1703—1705年，约翰·谢菲尔德修建了“白金汉宫”的主体建筑，1761年，乔治三世获得该府邸，并将此宫殿扩建，持续建筑时间超过了75年，为中央庭院构筑了三侧建筑。1837年，维多利亚女王登基后，白金汉宫成为英王正式宫寝。19世纪末20世纪初，宫殿公共立面修建，形成延续至今的白金汉宫形象。

第二次世界大战期间，伦敦遭到战火重创，经战后逐渐恢复和发展，现在伦敦已成为功能齐全的综合性城市，贸易、金融、保险等业务在世界上占有重要地位，并有“金融城”“贸易之都”之称。港口以及各种交通的发展是伦敦兴盛的重要原因。伦敦虽然地处大不列颠的东南隅，但是发达的现代化交通使之成为全岛的“中心”。

伦敦的文化变化万千而又丰富多彩，英国的风景名胜大都云集伦敦可免费参观238处风景名胜，以如此少的花费，游览如此多的景点，世界上唯有伦敦一处。

[伦敦塔桥]

伦敦塔桥，是一座上开悬索桥，横跨泰晤士河，因在伦敦塔附近而得名。

伦敦正门——塔桥

伦敦塔桥是英国伦敦泰晤士河口的第一座桥，也是

泰晤士河上15座桥梁中最知名的一座，是伦敦的象征，有“伦敦正门”之称。只要是和伦敦有关的纪录片或电影，塔桥的出镜率都超级高。伦敦塔桥是一座吊桥，于1894年通车，将伦敦南北区连接成整体。桥身分为上、下两层。上层为宽阔的悬空人行道，行人从桥上通过，可以饱览泰晤士河两岸的美丽风光；桥的下层可供车辆通行。两边的桥塔内设有博物馆、展览厅、商店、酒吧等。登塔远眺，可尽情欣赏泰晤士河上下游十里风光。

伦敦眼

伦敦眼又称千禧之轮，是为迎接新千年而设计的，坐落在伦敦泰晤士河畔，是伦敦的地标，也是伦敦最吸引游人的观光点之一。乘坐这座摩天轮可以俯瞰方圆25英里范围内的壮丽景色，其间还可以听到解说——介绍进入视野的伦敦主要地标。夜晚的“伦敦眼”会幻化成一个巨大的蓝色光环，大大增添了泰晤士河的梦幻气质。建议提前预订，以免排队。当伦敦眼升到最高时，整个的伦敦景貌尽收眼底。这座城市经过不断的历史冲洗，仍保持着古老的优雅，但又不失现代化，这两者完全的融合，使其具有独特的魅力。

[伦敦眼]
伦敦眼于1999年底开幕，当时，因此又称千禧之轮，总高度135米。伦敦眼共有32个乘坐舱（由序号1排列到33。因为宗教忌讳，没有13号），因舱内外用钢化玻璃打造，所以设有空调系统。每个乘坐舱可载客约25名，回转速度约为每秒0.26米，一圈需时30分钟。

北欧古城港

奥尔胡斯港

奥尔胡斯的名字源于古丹麦语，意思是小河口，因为奥尔胡斯正好位于奥尔胡斯河的河口上。始建于公元900年的这座城市已有1100多年的历史。在奥尔胡斯保护得最好的建筑是教堂，其中最有名的教堂是位于市中心的圣·克莱门斯教堂。

奥尔胡斯位于丹麦的日德兰岛、东海岸奥尔胡斯湾内，港口背部靠山，港外为半岛和小岛所围，是良好的避风港。是日德兰半岛的谷物和畜产品的集散地，也是丹麦第二大港和交通、工业及文化中心。

奥尔胡斯因工业化而建港，伴随经济的迅速发展，港口也不断完善，有消息称奥尔胡斯港是欧洲效率最高的港口，这项报告是根据港口起重机每小时起降次数作为计算方法来衡量港口的效率。在世界范围内，只有日本的横滨港和神户港排在奥尔胡斯前面。奥尔胡斯港起重机每小时起降次数为34次，而欧洲其他港口不来梅港和鹿特丹港的起降次数只有31次和26次。每年大概有8000艘船只停靠在奥尔胡斯港，货物吞吐量为1000万吨，其中一半的货物是集装箱装载的。高效率的超重协同港口码头铁路线的高效率，使奥尔胡斯港很少发生拥堵现象。

老城

奥尔胡斯的老城少了港口的繁忙与喧嚣，虽然街道

[奥尔胡斯老城]

老城分为四部分，2/3是18—19世纪传统的木筋屋，第二部分是建于1927年的木筋屋，还有三幢楼房是1974年古典风格的楼房，最后余下的一块区域正在建设中。

[奥尔胡斯大教堂]

奥尔胡斯大教堂教堂内部深 93 米，是丹麦最长的教堂，现在所看到的是经过 15 世纪改建后的样子，1479 年制作的祭坛是当时独一无二的作品，墙上描绘的壁画也非常著名，这里的管风琴也是丹麦最大的。

比较狭窄，但整洁且环境优美，充满北欧古城情调。它建于 1914 年，是世界上第一个展现城区建筑文化的室外博物馆。在这里，人们可以看到建造于不同历史时期、代表不同建筑风格的老房子。

这里的所有建筑都是在丹麦各地经过精心挑选，并在保持原貌的基础上迁移到这里的。据说，在搬迁后的复原过程中，每一块砖瓦都必须准确地放置回原来的位置。

丹麦女王玛格丽特的行宫马萨里斯堡坐落在奥尔胡斯的南部。每年夏季，女王和亨利克亲王都在这里度假。

奥尔胡斯大教堂

奥尔胡斯大教堂始建于 12 世纪，是古罗马风格的大理石建筑，由丹麦著名的建筑设计师雅各布森和埃里克米拉设计而成，美景层出不穷。

奥尔胡斯音乐厅

对于喜欢音乐的人来说，建于 1982 年的奥尔胡斯音乐厅是必须拜访的地方。在这里可以欣赏到奥尔胡斯交响乐团和歌剧院的精彩表演。每年一次的奥尔胡斯文化节是丹麦最有名的文化活动之一。届时，除奥尔胡斯音乐厅之外，奥尔胡斯的大街小巷、公园、广场到处都有丰富多彩的音乐会。

[奥尔胡斯音乐厅]

奥尔胡斯音乐厅拥有最引人注目的 2000 平方米的玻璃大厅，它的内部设有 Richter 餐厅、画廊等。奥尔胡斯的多种艺术盛会都会在这里举行，包括很多国内外知名的音乐会、歌剧、舞蹈，每个周末都有免费的演出可供欣赏。

文化长廊

那不勒斯港

那不勒斯以其丰富的历史、文化、艺术和美食而著称，比萨饼起源于此，吉他和曼陀林也发明于此，另外那不勒斯的歌剧和民谣也相当出名。

那不勒斯是意大利南部最重要的城市，坐落在风景如画的那波利湾的北侧，这里自然条件优越，地理位置重要，环境优美，气候宜人。它是次于罗马和米兰的意大利第三大城市，那不勒斯港也是世界上最古老和地中海最重要的港口之一。

那不勒斯是意大利坎帕基亚大区的首府，是意大利南部最重要的港口城市。或许是受到那波利美丽的自然环境和温暖气候的吸引，古希腊人于公元前7世纪就来到这里，留下了许多古希腊的文化古迹。历史几经辗转，这里至今仍有许多的古建筑在向我们诉说曾经的那段辉煌。

在那不勒斯港不远的地方，坐落着一座高大宏伟的古堡，这就是新堡。新堡也叫作安焦城堡，始建于13世纪，是当时统治这里的安吉文家族官邸，15世纪阿拉贡家族加以重建。

现如今新堡早已是那不勒斯的地标建筑，城墙上四座圆筒形高塔和四周的护城河，是典型法式城堡的风格。入口为纪念阿丰索一世入城建成凯旋门的形式，里面设有小型博物馆，收藏描绘那不勒斯历史的油画。

［安焦城堡］

如一块方印的深色砖石城堡巍然而立，不规则的四角上有四座圆形望塔，城堡入口处有一座纪念阿丰索一世入城的凯旋门，建于1467年，城堡内还设有小型博物馆。

［蛋堡］

蛋堡对外免费开放，也举办各种国际展览或会议。从大炮平台眺望，可以欣赏到那不勒斯海湾的秀丽风光和维苏威火山壮观的景色。

《基督山伯爵》原型——蛋堡

蛋堡又名奥沃城堡，这个名字似乎带着一分浓厚的神秘色彩。传说古罗马有一位叫维吉尔的诗人，在当时被认为是一个具有强大法力的男巫师，他将一颗鸡蛋秘密地藏放在整个城堡建筑的支撑点上。如果鸡蛋破碎，城堡就将变成废墟，继之城市也会面临大的灾难。当然，他的预言并未实现，否则我们就看不到蛋堡，这座城堡也由此被人们称为“魔蛋城堡”。

蛋堡是那不勒斯城里最古老的城堡，有着2000多年的历史，整个城堡建于一座小桥与海滨大道相连的梅加利德小岛上。古罗马时代这里曾是罗马行政长官的要塞，此后漫长的岁月中，城堡先是受到法国诺曼底的威廉一世的改造，后又被阿拉贡家族整修，17世纪曾被作为监狱。

那不勒斯被人们称颂为“阳光和快乐之城”，这里一年四季阳光普照，那波里人生性开朗，充满活力，善于歌唱，那波里的民谣传遍世界，被视作是意大利的一颗明珠。在当地，有一句广为流传的俗语，翻译过来的意思大概是“朝至那不勒斯，夕死足矣”。

最具历史和艺术性的购物长廊

翁贝托一世长廊始建于1887年，位于圣卡尔洛剧院的对面，面向城市主街道托莱多路。长廊为新古典建筑风格，拥有透明的玻璃屋顶，地面则铺设了拼花图案的大理石地板，富丽堂皇。长廊是那不勒斯著名的购物街，其内有很多当地著名时装品牌的店铺。其中的咖啡茶座，雅致写意，是品尝意大利咖啡及体味意大利人悠闲生活的最佳地点。

［翁贝托一世长廊］

翁贝托一世长廊既是一个购物中心，也是那不勒斯人社会生活的中心。这个有100多年历史的购物中心曾经是美术家、音乐家、作家和才子佳人聚会的地方，也曾让欧洲其他城市的王公贵妇羡慕不已。

[泰坦尼克号电影剧照]

泰坦尼克号起点

南安普顿港

南安普顿所有辉煌和没落都来自大海，被称为海市。站在古城墙上，可以轻而易举地眺望那无边际的海平面，海港里那些庞大的邮轮和货轮繁忙地进出，似乎是这里一直不曾改变的景象。

南安普顿港位于英国南部特斯特河与伊钦河口的汇合处，濒临英吉利海峡北侧的索伦特，也是英国重要的远洋海港、海军基地，是英国十大港口之一及英国最大的客运站、国际帆联总部所在地。

南安普敦港已有1000多年历史，有着丰富的历史文化遗产，在英国航运史上发挥过重要作用，并与一系列历史事件联系在一起：1620年，英国清教徒移居美洲乘坐的“五月花”号客轮从这里开始了漫长的航程；1912年，“泰坦尼克”号豪华客轮在南安普敦港起锚进行处女航；另一艘豪华客轮“玛丽王后”号的处女航也是从这里起程的。纵观历史，可以说南安普敦港是“通往世界的大门”，是重要的国际海运港。

在南安普敦的泰坦尼克博物馆内部陈列着与泰坦尼克有关的一切。因为泰坦尼克号是在南安普顿制造的，所以也一度是这座城市的骄傲。馆内内容丰富多样，有可以让人变装的 cos（摄影狂魔必备），也有精致小巧的模型，更有发送摩斯电码、开船航行等互动体验，在互动娱乐中，可以体验航海不易，深入了解在大海中航行的经验。

除了这个纪念馆之外，南安普顿市也有一些其他的纪念物，比如市中心的白星航运公司的纪念碑，以及在 London Street 的一栋写字楼下，矗立的 7 位演奏到最后的音乐家的纪念碑。每年的 4 月 15 日，都会有南安普顿的市民，或者当年的船工后裔来此献花。

南安普顿美术馆是一个艺术画廊，内部的艺术收藏品涵盖了 6 个世纪的欧洲艺术的历史，拥有超过 3500 幅作品。而位于南安普顿心脏的海洋博物馆中则讲述这个城市中的人们以及他们令人着迷的生活，还有泰坦尼克号和海洋历史渊源的故事。

在南安普敦东公园有泰坦尼克号工程师理查德·安德鲁斯的雕像，这也是南安普顿最大的也是最漂亮的公园。都铎建筑博物馆则是一座历史悠久的建筑博物馆，是南安普顿的老城区的保护建筑，也是南安普顿的第一个博物馆。位于南安普敦西南的新森林国家公园，是一座风景宜人的国家公园，森林里拥有英国最丰富的物种，包括未封闭的牧场和森林，周围还有一些美丽的小村庄，可以很好地感受当地生活。

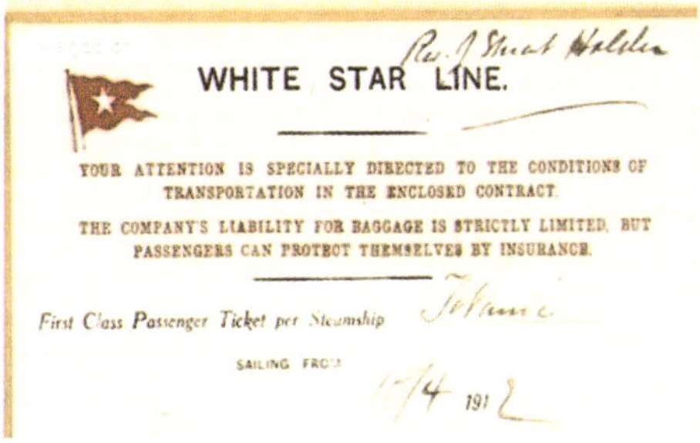

[世界上唯一一张现存的等舱船票]

泰坦尼克号的故事已为人熟知，人们可能不知道的是，在这艘当时世界上最大最豪华的客轮上，有超过大半的船员来自南安普顿。所以这场悲剧也造就了当地 500 多个家庭至少失去了一名家人的惨状。

[泰坦尼克号出发码头纪念碑]

泰坦尼克号在 1912 年的 4 月 10 日从这附近海洋码头出发，而码头纪念碑，是为纪念所有在这次沉船事件中遇难的 1500 多人。

除了南安普顿之外，世界上还有几大知名的泰坦尼克号的纪念馆：佛罗里达州奥兰多的泰坦尼克号体验馆、南澳大利亚海洋博物馆、北爱尔兰贝尔法斯特的泰坦尼克号纪念中心、英国利物浦的默西塞德海洋博物馆、法国瑟堡的海洋城市博物馆、爱尔兰科克郡的考福遗产保护中心、加拿大新斯科舍省哈利法克斯港的海洋博物馆、美国密苏里州布兰森镇和田纳西州的鸽子谷的泰坦尼克号纪念博物馆。

American Articles

3 美洲篇

街头艺术

布宜诺斯艾利斯港

性感张扬的探戈舞步，色彩不羁的街头涂鸦，当人们走在布宜诺斯艾利斯的街头，难免会有种自由奔放的感觉。徒步老城，欣赏殖民建筑，欧式风格的房子，狭窄的街巷，都会让人有一种穿越的错觉。

布宜诺斯艾利斯港是一个人工港，进港主要航道印第安角水道长约200千米，经过不断疏浚，水深保持在10米左右，万吨巨轮可直达。这里气候温和湿润，黑土肥沃，地下水丰富，有利于农牧业发展，阿根廷也由此成为世界上最大的农畜产品生产国和食品出口国之一，农牧产品及其加工品约占全国出口总值的80%。

说到布宜诺斯艾利斯，“探戈”就是不得不提的一个代名词，这风靡全球的性感舞蹈就起源于此。从最初被看作是不入流的舞蹈，到全球流行的激情之舞，探戈的演变也经历了曲折。在这里，你经常可以看到街头探戈，舞者水平虽不及剧院表演之高超精美，但仍不输激情，他们有的年轻，有的已经白发，年龄丝毫不影响其奔放的舞步。

布宜诺斯艾利斯位于潘帕斯平原东南端，里亚丘埃洛河和拉普拉塔河的汇流处。地势平坦，自然条件优越。为南半球仅次于圣保罗的第二大城市。它是阿根廷最大城市和经济、文化、交通中心，其港口也是阿根廷最大的国际贸易港。

[布宜诺斯艾利斯港]

布宜诺斯艾利斯是阿根廷的首都，是南半球最大城市之一，大西洋沿岸重要港口。

五彩缤纷的城市建筑

入目处满是五颜六色的房子，这就是著名的博卡区，球星马拉多纳的出生地。当年的欧洲移民特别是很多意大利移民来这里定居，这些一贫如洗的人用船上的旧铁皮和一些废角料盖了房子，然后用漆船剩下的各色油漆给房子刷上鲜艳的颜色。在这里走在路上可以有偿和探戈演员合影，也可以在路边的小馆坐下欣赏原汁原味的探戈表演。整个街道充满了原始的阿根廷气息。

博卡青年队足球也驻扎在这里，他们的队服由亮蓝色和黄色搭配，这样的色彩并不是取材于当地的房屋，而是来自行驶到这附近港口的瑞士船只上插的旗子。

[博卡街区]

[博卡青年队训练场]

艺术公墓

雷科莱塔国家公墓是阿根廷富人及历史名人的安息地，共葬有大约 7000 个阿根廷社会历代精英。墓园中的墓室都由其所有者自行设计、布局和装饰，大小不同，风格各异。雷科莱塔国家公墓凭借其定位，成了身份、地位和荣誉的象征，也成了阿根廷民众最向往的“永久家园”。

雷科莱塔国家公墓美丽、静谧、优美，长长的蔓藤、萋萋的芳草、深深的墓园，刻满了岁月沧桑的雕塑，处处弥漫着欧式的浪漫和忧伤，满园的雕刻是名家构思奇特、无穷智慧的劳动结晶。雷科莱塔国家公墓里到处都是雕塑，有西方的守护神、勇武的猛士，也有柔媚的女神、吉祥的天使，有的陵墓还有画卷般的叙事雕塑，追叙几代人的奋斗史。

公墓的外面是一片周末跳蚤市场，有各种特色鲜明

[雷科莱塔国家公墓]

雷科莱塔国家公墓建立于 1822 年，占地面积 10 英亩，是布宜诺斯艾利斯最古老的公墓，也是世界上最著名的 10 座墓园之一。

的商品，还有现场作画和加工工艺品。

五月广场

1810年5月阿根廷人民发起了反对西班牙殖民统治的独立斗争，历时一周，最后一天1810年5月25日，布宜诺斯艾利斯市民来到广场，宣布脱离西班牙统治，成立拉普拉塔临时政府，从此开始了建设独立国家的进程。五月广场就是为了纪念在五月革命中献身的爱国志士而修建的。

白天的时候，五月广场非常恬静和谐，适合来这里拍拍照喂喂鸽子，感受一下当地人的风土民情。五月广场附近的建筑都值得看看，东侧是玫瑰宫，即现在的总统府；北面是布宜诺斯艾利斯主教座堂；西侧为市政厅。周边的一众博物馆更是不能错过。总统府属于西班牙洛可可风格，因为历任总统都统一使用粉红色涂料装饰建筑外观，因而有玫瑰宫的浪漫别称。总统府占整体建筑的地上两层，地下一层为博物馆，内部陈列着历届总统的塑像、曾经颁布的重要法令和公告、政府重要文献及其他历史文物。

阿根廷五月革命是发生在南美洲西班牙殖民地的第一次独立运动。当时拿破仑入侵西班牙，推翻了西班牙国王斐迪南七世，任命自己的兄长约瑟夫为西班牙国王，西班牙在南美洲的殖民地拉普拉塔总督辖区丧失了宗主国的支持。

骑士雕像

马丁纪念碑

大教堂

玫瑰宫

市政厅

[五月广场]

军事港

圣地亚哥港

来到圣地亚哥港，映入眼帘的全是各式各样的军舰以及参差不齐的桅杆、炮台。在港湾畔可以领略到红瓦绿树，碧海蓝天，还可以看到现代的高楼和海中的白色小帆。

圣地亚哥港于1542年创建，从1846年开始被美国统治，1920年建成美海军作战基地，1980年后成为美国第3舰队主要支援基地。从此，圣地亚哥港成为美国海军太平洋舰队最大的军港，也是世界闻名的军港。每年都有许多军人从这里起航驶往全世界各地执行任务，而圣地亚哥军港也见证了无数军人和亲人们的悲欢离合。

圣地亚哥位于美国加利福尼亚州与墨西哥交界处，西临太平洋圣迭戈湾，北距洛杉矶约160千米，是美国西南边境港市，是加州南部唯一天然良港，也是美国西海岸的天然良港。现为美国海军基地，美国海军第3舰队司令部及所属许多部队的司令部都驻扎在此，舰队半数以上舰艇包括航空母舰、核潜艇等以此为母港。

胜利之吻

港口边上有一个广场，是每次海军归来的时候上级领导致欢迎辞和家人迎接的地方，广场上矗立着一群雕像。这群塑像中有刚下飞机的战斗机飞行员，有跪在地

胜利之吻

总统宣讲

观众雕像

[圣地亚哥港广场]

[圣地亚哥老城]

圣地亚哥老城是加州的诞生地，是西班牙早期殖民地，同时也是第一批欧洲人定居所。这里有 150 多个商店、屡获殊荣的餐厅、17 个博物馆和历史遗迹。另外，还有免费现场表演，专业剧场、工匠、画廊和商店都在步行距离之内。

上的战地女护士，有拄着双拐断腿的士兵，有坐在轮椅上的伤员。而最著名的当数“胜利之吻”雕塑：相传是二战结束的时候，当人们听到日本人投降的消息后，一名水兵情不自禁地搂起身边一个素不相识的姑娘在港口深情接吻，这张照片也被做成了雕塑永远地立在迎接水兵归来的地方。

退役母舰

在“胜利之吻”塑像背后就是中途岛号航空母舰博物馆，它曾是美国海军的一个标志，是美国海军中途岛级航空母舰的首舰，这里也是游人必到景点。博物馆中

[圣地亚哥中途岛号航空母舰]

的每件展品及每个展点都编有号码，参观者只需在导览器上输入相应号码，就可以听到有关展品或展点的语音介绍。

整个博物馆分成 3 个组成部分，第一部分是人员和机器，它坐落在机库层和前甲板。第二部分是海中城市，坐落在船的第 2、3、4 层甲板。第三部分为船顶部，坐落在战斗甲板。

漫步海港，有装点古朴的帆船，弹吉他吟唱的流浪者，风中翱翔的海鸥，还有远处跨海的科罗拉多大桥。黄昏时候的圣地亚哥港特别的美，看夕阳的同时还可以在广场上坐一回旋转木马。

早在 1602 年西班牙人就来到这里勘测并绘制地图，开垦殖民区，并逐步在现在老城所在地区开始建设，1769 年建成了这个加州地区的第一座城市。1821 年，墨西哥战胜了西班牙后，这里又为墨西哥所有。1848 年美墨战争后，这里连同整个加州与亚利桑那州、内华达州、犹他州、德州和科罗拉多州的一部分，被美国以 1800 万美元现金加 80 万美元债务的代价收购，成为美国的领土。

最值得旅游的海港

里约热内卢港

走在里约热内卢的海滩上，眼前是湛蓝的海水和层层波涛，脚下踩着金色细软的沙子，耳畔海风习习，能够闻到海风中带着的阵阵海腥味。一条宽阔的海滨大道顺着海滩走势蜿蜒向前伸展，海滨大道上的人行道用白色与黑色的小石头拼镶成各种波浪形的图案，高大挺拔的棕榈树屹立在人行道旁，伴着习习海风婆娑起舞。

里约热内卢城市及其港口的发展与其地理位置和其当地资源有着密不可分的联系。18世纪，在当时的内地米纳斯吉拉斯州发现了黄金和金刚石矿，巴西掀起了“黄金热”。里约热内卢成为运送黄金的主要港口，“黄金热”使奴隶贸易兴盛，里约热内卢也成为重要的奴隶贸易市场，人口倍增。到了19世纪，咖啡种植园的迅速扩大，又为港口的发展注入了新动力，20世纪，大片工厂的兴建，使该市成为了巴西的第二大城市，里约热内卢港成为巴西最大的港口之一，并成为巴西重要的交通枢纽。

里约热内卢港位于巴西东南瓜纳巴拉湾西南岸，与对岸尼泰罗市对峙，西南至圣多斯港210海里，至巴拉那瓜港500海里，东北至维多利亚港283海里，至萨尔瓦多港747海里，东至开普敦港3290千米。瓜纳巴拉湾腹宽口窄，风平浪静，外有岛屿屏蔽，成就了里约热内卢港的世界三大天然良港之一。

科帕卡瓦纳海滩

海，是里约热内卢的生命，科帕卡瓦纳海滩位于里约热内卢市的黄金地段，被称为世界上最有名的海滩之一，海岸沿线长达4.5千米，海水蔚蓝，浪花雪白，沙滩洁净松软，非常的迷人。清晨是海滩上人最少的时候，而在海滩边的道路上已经可以看到不少跑步爱好者了。此时站在海边，近海处是翻腾的大浪，蓝色的浪谷和白色的浪峰此消彼长，一次次涌来，在阳光下如同一幅幅鲜艳无比的油画。从海滩上，还可以远眺里约热内卢的

里约热内卢是葡萄牙语，意为“一月之河”。其命名的来历是1502年1月1日葡萄牙人来到瓜纳巴拉湾的一座名叫“糖面包山”的山下，误认为这海湾是一条大河的出口，当时正逢一月，故命名里约热内卢（意为一月之河）。

[基督山]

该雕像是为了纪念巴西独立 100 周年而建立的，1926 年，由波兰裔法国艺术家朗多夫斯基设计，历时 4 年建成。

标志——基督山。

海滨大道的另一侧是林立的一幢幢二三十层的旅馆、饭店和豪华公寓。现代化的建筑与美丽海边风光和谐地融为一体，相得益彰。无论是白天还是夜晚，海滩上到处是来此散步、踢球、沐浴阳光和到海水冲浪的人们。

基督山

耶稣张开双臂，鸟瞰整个里约热内卢，整个雕像就仿佛是一个巨大的白色十字架守护着里约热内卢，这就是闻名世界的基督山，因有巨大的耶稣塑像建在这座高山的顶端而得名。夜晚在灯光的照射下，在里约热内卢市内几乎任何一个角落都可以看到。

山顶是观光里约热内卢最理想的地方，游人如织，但视野良好，整个城市全部呈现在眼前。

以前上下基督山可以爬山，如今已不能爬山，都需乘坐小火车上山。在山下还有一个小教堂可以参观。教堂内墙上是耶稣从十字架游行至复活的完整壁画。

巴西的主要饮料有咖啡、马代茶、奇马龙茶；酒有卡比利里亚酒、波尔卡酒、甘蔗酒、柠檬酒、白兰地等。

在里约热纳卢餐馆的账单上包含了 10% 的服务费，也可以依照个人喜好额外给服务员一些小费。如果觉得服务不周，可以要求将服务费从账单中去除。

糖面包山

糖面包山是里约热内卢附近的著名景点，此山因形似法式面包而得名。它位于瓜纳巴拉湾入口处，是里约热内卢的象征之一。面包山高约 400 米，由两个山头组成，一个像横着的面包，一个像竖立起来的面包。从

[糖面包山]

面包山顶可以俯瞰城市和整个瓜纳巴拉湾，还能远眺基督山、科帕卡瓦纳海滩和罗德里格环礁。

[马拉卡纳体育场和里约热内卢市区足球涂鸦]

马拉卡纳体育场是为 1950 年世界杯而兴建，并曾作为 1950 年世界杯决赛举行场地，也作为了 2013 年联合会杯及 2014 年世界杯比赛场馆，是有史以来第二个举办两届世界杯决赛的球场；同时也是 2016 年里约奥运会开幕式以及足球比赛场馆。

随处可见的足球运动

巴西是足球的国度，这个地球人都知道。球王贝利、巨星济科、外星人罗纳尔多都来自这里，空前的 5 次世界杯冠军让其他所有的国家为之汗颜。

在巴西的每个角落都可以找到足球的痕迹，在巴西踢足球的人非常多，当然，每个街角的足球水平并不低，如果有兴趣，当地人很欢迎你加入其中。在海滩上，沙滩足球永远都是主角。在火辣辣的太阳下，光着脚在热腾腾的沙砾上奔跑、追逐本身就是一种挑战和乐趣。许多巨星就是在这样的环境下成长起来的。

去观看当地的足球比赛也是相当，著名的马拉卡纳体育场可以容纳十几万名观众，在那里观看比赛的气氛让人很难想象。巴西的足球比赛繁多，常常不失精彩，有几支强队可以格外关注，如圣保罗队、达加玛队、科林蒂安队和佛拉门戈队等。

大多数里约热内卢人都爱吃红辣椒，放多了的话可能辣得令人吃不消，放得适量的话，可能辣得非常过瘾。

餐饮风俗

运动后当然需要补充体力，大块的巴西烤肉加上正宗的巴西朗姆酒，是最过瘾的吃法。如果不喜欢这个，里约热内卢的很多周末市集都有美味的小吃摊贩，海滩一带的周日市集就有身着白衣、顶戴头巾的妇女出售传统的巴西东北食品，值得一尝。

[巴西朗姆酒]

巴西朗姆酒是巴西的国酒，它在巴西已有 400 多年历史，是世界五大名酒之一。巴西朗姆酒加上青柠汁、青柠、粗糖、碎冰搅和而成的巴西青柠酒，带着巴西热情，感觉清新。

最受上帝偏爱的地方

玛瑙斯港

玛瑙斯港是典型的上帝偏爱的地方，拥有丰富的自然生态资源。越过玛瑙斯港，来到亚马孙流域，可以尽情领略独特的森林景观；玛瑙斯港美丽的自然风光以及自由贸易吸引了世界各地的游客，以玛瑙斯为中心的亚马孙雨林地区，被誉为是“人生必去的地方”。

亚马孙河发源于秘鲁中部的科迪勒拉山脉，全长6751千米，在巴西境内3165千米，河面宽广，支流众多，流域和流量均居世界第一，水量占世界淡水总量的20%。由亚马孙河冲击而成的亚马孙平原面积705万平方千米，大多位于巴西境内。

玛瑙斯港位于亚马孙河支流黑河和索里芒斯河交汇处，是巴西亚马孙州的首府，在城市80千米处即是亚马孙热带雨，因此玛瑙斯被称为“亚马孙心脏”“森林之城”。

热带雨林之旅

可以从玛瑙斯港开始体验亚马孙之旅。乘船约20分钟便可到达两河交汇处，之后可拜访印第安人家的水上屋，体验热带雨林深处的魔鬼沼泽地、爬树和狩猎，畅游一小片热带雨林，融入当地土著的生活。晚上可以在土著人家用餐，尝尝最原始的风味，虫子盖浇饭和蚂

[热带雨林]

马瑙斯位于亚马孙河支流内格罗河和马拉尼翁河汇合处，亚马孙河流经6个国家，主要在巴西，全长6400千米，仅次于尼罗河，为世界第二大河，但是它的水量却是世界第一，以每秒22万立方注入大海，是长江入海量的四倍。

蚁汤一定会让你体会什么叫最惊悚的晚餐。

[黑白交汇]

港口故事多

玛瑙斯之所以出名，因为它得天独厚的地理位置，当亚马孙河和黑河两水交汇时，形成独特的黑白交汇的景观，甚是壮丽。

所谓黑河，是内格罗河由于枯木的浸泡形成的颜色，和泡茶相似；白河，则是亚马孙河，因为温度、流速的不同，可以造成长达数千米两河共流互不干扰的现象。

玛瑙斯城内，小巷幽幽。教堂、剧院、图书馆和各类民居星罗棋布，华贵典雅，古色古香，很有葡萄牙风味。玛瑙斯的全盛期是所谓的橡胶时代，20 世纪初英国人在此发现橡胶后几乎引来了全世界的商人，长达 1313 米的巨大浮动码头及大量的仓库、客栈等也跟着拔海、拔地而起，这兴旺景象的见证人便是歌剧院广场上那座著名的雕塑。

历史上，玛瑙斯有“黑金之都”的美称，这里所说的黑金指的是橡胶。地处亚马孙雨林腹地的玛瑙斯盛产橡胶，这座偏远渔村抓住契机摇身一变，成为世界经济发展的中心之一，并在长达 70 年的时间内垄断了全球橡胶市场。

雕塑四面都塑有向前突出代表各大洲的船头，地面又用砖块铺成了海水样的波浪纹，象征满载橡胶的船只正从玛瑙斯出发驶向全球各地。有趣的是亚洲的船头塑了条龙，说明百年前的中国对巴西、对世界已有一定的影响。

如今，作为巴西自由贸易区的玛瑙斯又获得了新生，美、日、韩等纷纷在此设厂组装电器，中国也建了许多内销巴西就能免税的空调和摩托车厂，中、巴交往的势头依然强劲。游玛瑙斯，最有意思的是批发和零售水果、工艺品等的贸易市场。

让当地人倍感自豪的这座贸易市场是巴黎埃菲尔铁塔的设计者埃菲尔设计的，虽然它的结构还坚固牢靠，装饰亦能见当年风采，但因年久失修，已明显衰败不堪了。在这个城市有机会看到糅合了很多足球元素在内的桑巴舞，感受巴西人民的热情。舞者的上身动作幅度一般很大，架势豪放，脚下动作却细腻而精致，仿佛有球王贝利和球星罗马里奥的影子在里面，那股率真和热情感动了各国旅客。

吃货天堂

温哥华港

随着邮轮一点点靠近温哥华港，你便可看到海边的特色餐厅，美丽的海港景色；温哥华港最令人倾心的不是海滩，而是港区内的特色公园以及唾手可得的美食。

温哥华港位于加拿大西南部不列颠哥伦比亚省南端的弗雷泽河口，在巴拉德湾内，濒临乔治亚海峡的东南侧，是加拿大最大的港口，也是世界主要小麦出口港之一。

据说在18世纪90年代初，一名叫作“温哥华”的船长在乘船沿着北美西海岸航行标绘海图时发现了这个美丽的天然良港，温哥华港从此得名。此地区的经济也随着港口的发展而日渐繁荣起来，现今的温哥华是加拿大最繁忙的枢纽港，它方便快捷的海上、空中、公路及铁路形成的多式联运网络，对世界上160多个国家和地区与加拿大的海上贸易起着重要的促进作用。

[史丹利公园]
史丹利公园离温哥华市区只有15分钟步行路程，因为城市与自然完美的融合而被评为是世界最佳城市公园之一。

史丹利公园

史丹利公园是温哥华最著名的公园，一条8.8千米长的路径环绕整个公园，以供游人缓步、骑脚踏车或玩滚轴溜冰；向狮门大桥的史坦利公园大道从公园中间穿过，将整个公园一分为二。其中东区有较多的游览景点，当然游人也较多。西区面向英吉利海湾，是观看夜景的好地方。

史丹利公园内最吸引人的应该是图腾柱群，它集中了最能代表原住民生命起源与文化传承的图腾柱，当仁不让地成为游客必到和必拍的景点。站在海边向各个方向眺望都能看到不错的景致，而公园里随处可见的松鼠、

浣熊、加拿大黑雁则更增加了公园中游玩的野趣。

卡皮拉诺吊桥公园

卡皮拉诺吊桥公园是温哥华最古老的观光景点。这座被誉为世界上最伟大的吊桥，全长 137 米，当风掠过山谷时吊桥会摇摆发声，颇似人的笑声，因此也被称为“笑桥”。吊桥公园中，有 60 年前印第安人所雕刻且放置于此的图腾柱，色彩鲜艳，引人注目。位于图腾柱旁的历史陈列区，陈列了许多当时兴建吊桥的历史照片，可以了解先人筑桥的故事。图腾柱另一边是纪念用品店，里面贩售许多印第安纪念品及明信片等。

整个公园被吊桥分为东西两侧，一共大致有 4 个部分：吊桥、悬崖漫步、树上漫步、散步道。在图腾柱的另外一边还有用来科普雨林中植物以及其他地理知识的区域。随着木头台阶而下就可以来到 140 多米长，40 多层楼高的吊桥上面，在桥上可以看尽“人生百态”。

格兰威利岛

位于温哥华市中心的格兰威利岛是一个充满活力的地方。可以在温哥华市内跳上形状颇似一只玩具澡盆的小型渡轮前往格兰威利岛，它们穿梭于福溪与格兰威利岛之间。岛上因全年开放的室内农产品市场、精致的小型酿酒厂、街头艺人、艺术家工作室以及现场表演而闻名于世。与商业区不同的是，这里每到周末都会充满活

[卡皮拉诺吊桥]

卡皮拉诺吊桥建于 1889 年。当时来自苏格兰的工程师兼地产商麦凯购置了北温卡皮拉诺河两岸的 6000 亩土地，并在当地的原住民 August Jack 以及 Willie Khahtsahlano 帮助下，用麻绞索和厚木板兴建了这座吊桥，沟通了河谷两岸。

[格兰威利岛游艇服务处]

充满艺术气息的格兰威利岛，曾被一个以纽约为基地的社区发展团体冠以北美最佳社区之名，不仅是本地居民购物游玩的好去处，也是最受游客喜爱的必游景点之一。

力，因为许多情侣、游客都会在这个时候不约而同地来到这里，给这里增添了不少的魅力。

从新鲜食材到烹饪高手

温哥华的餐厅无处不在，遍布在市区里的大街小巷。不过有一些街区，由于历史背景和城市规划的原因，慢慢地成了独具一格的美食集中地。在这里总是能轻易地找到各式各样的美味，使得当地居民和游客们蜂拥而至。

温哥华借助太平洋丰富的鱼类、海鲜资源成就了不少优秀的海鲜餐厅。可以说，来温哥华不品尝一次海鲜大餐，就不是一次完美的旅程。这里最美味的有拔蚌、螃蟹、阿拉斯加蟹、龙虾、石斑，不过都要挑选应季的品种，这样才能展现出它们最鲜美的本色。另外，北太平洋秋季回流的鲑鱼堪称海鲜中的上品，和加拿大的枫

[冰酒]

利用 -8℃以下、在葡萄藤上自然冰冻的葡萄酿造的葡萄酒。无论是在当地饮用，还是买一瓶带回来送人都是不错的选择。得天独厚的自然条件让加拿大成为世界上冰酒产量最大的国家。

[三文鱼及推荐餐厅]

到了温哥华，三文鱼爱好者可以吃到爆，与国内三文鱼的高价相比，温哥华的三文鱼实在是白菜价。The Salmon House 已有 23 年历史，是温哥华最有名的品尝三文鱼的餐厅。三文鱼屋的环境也很有看头，内部采用原住民木雕、图腾及面具加以装饰，让人体会到原住民的生活情境。

生蚝是温哥华西海岸海鲜中的重要一类，在温哥华市内，有不少专门烹饪生蚝和青口的餐厅，总是生意兴隆，顾客盈门。

斑点明虾以其鲜甜的口感，紧实而富有弹性的肉质而闻名，体型较大，一般成年的虾可以长达23厘米。

[温哥华特色美食]

叶一样并称秋行重头戏。

特色唐人街

温哥华的唐人街堪称北美第二大唐人街，是北美闻名遐迩的热门旅游景点，有众多的中国传统美食和杂货，大小不同的餐厅和酒家都各具特色，从地道小吃到美味佳肴，再到中国美食应有尽有，绝对能让游客尽兴而归。每天的夜市也是游客蜂拥而来的目的地。

[唐人街中山公园]

在这条街上有个地方堪称亮点，就是“中山公园”，中山公园位于唐人街一侧，由上书“中华门”的一座花岗岩石坊引导，孙中山先生的坐像矗立在公园门口，身后是一座苏州园林风格的小园子，小巧而精致。

自由而沉重的海港

纽约港

当船向纽约港慢慢靠近，人们抬头就可以望见自由女神像，而远处的海鸥在天空自由自在地翱翔，与女神像动静相宜，自然和谐。

位于美国东北部纽约州东南沿海哈德逊河口东西两岸，在长岛西端的上纽约湾内，濒临大西洋的西北侧，1980 年吞吐量就达 1.6 亿吨，多年来都在 1 亿吨以上，每年平均有 4000 多艘船舶进出。是美国的主要海港之一，也是世界上天然深水港之一。

[自由女神像]

自由女神像全名为“自由女神铜像国家纪念碑”，正式名称是“自由照耀世界”，是法国于 1876 年为纪念美国独立战争期间的美法联盟赠送给美国的礼物，1886 年 10 月 28 日铜像落成。

纽约港最早在 1614 年为荷兰所控制并扩建港口设施。英国崛起成为新的航运强国后，不断地侵占他国土地、把持通商口岸，其中纽约港也为英国人所经营。北美独立战争胜利以后，美国人对纽约港进行大规模的开发与建设，到1800年纽约港成为美国最大的港口。它在美国经济发展、对外贸易、国际交往、集装箱运输、航运业的振兴发展、物流业的崛起等各方面都做出了重大的历史贡献。

象征自由的自由女神像

自由女神像是美国国家级纪念碑，矗立在哈德逊河口的自由岛上，头戴光芒四射的冠冕，高举自由火炬，手捧《独立宣言》，宏伟瞩目。女神全名为自由照耀世界之神，是美国的象征，1984 年被列入世界遗产名录。自由女神像内部中空，可搭电梯直达神像头部，底座还是美国移民史博物馆，记录着数百万移民漂洋过海来到美国的历史。

“9 · 11”不能被遗忘的历史

讲纽约不得不说在“9 · 11”恐怖袭击发生的 5 年后，美国政府开始在废墟上兴建 9 · 11 纪念馆。纪念馆的主体建筑是两个寓意“反思”的水池和一个广场，在每个反思池四周都建有斜坡写满了遇难者的名字，每天都有

死者姓名墙

原世贸大厦结构柱

死者信息查阅处

[9·11 纪念馆]

人到这里来寄托哀思，悼念逝去的亲人朋友。博物馆位于两个纪念水池之间，为钢结构，外墙全部是透明玻璃。这两根钢柱是被撞毁的世贸大厦结构柱，清理废墟时保存了下来。现在安放于此成为博物馆真实纪念物的突出代表。

瀑布周围的石墙上刻满了“9·11”事件罹难者的名字，总共 2983 名遇难者。曾经那些被倒塌的世贸中心几乎摧毁的树，被救活而且至今仍在开枝散叶，这对于美国人来说是很重要的标志，代表着重生。街边种了许多的常春藤，常春藤的花语是爱、友谊、忠实、情感，在经历了如此灾难后的人民需要爱，需要所有人的关怀。

最古老的悬索桥——布鲁克林大桥

布鲁克林大桥是美国最古老的一座大桥，架于东河之上，连接着纽约市曼哈顿市区和布鲁克林区。它是世

布鲁克林大桥于 1869 年由约翰·A·罗夫林设计，在测量中罗夫林遇难身亡。之后，其子华盛顿继承父亲的遗志，学习欧洲的先进技术，于 1883 年完成桥梁。该桥梁的工程花了 16 年，在当时投入了 2500 万美元的资金。

[布鲁克林大桥]

在20世纪初，纽约对外来移民来说是个崭新天地，机会到处都是。因此纽约常被昵称为“大苹果”（the Big Apple），便是取“好看、好吃，人人都想咬一口”之意。

界上最大的悬索桥，也是世界上首次使用的钢丝吊桥，落成时被认为是继世界古代七大奇迹之后的第八大奇迹，被誉为工业革命时代全世界7个划时代的建筑工程奇迹之一。

日落的时候，从布鲁克林沿着木道步行，可以观赏曼哈顿的高层建筑及美丽的街景，可说是纽约旅游的最亮点。可以步行，也可以骑行，在布鲁克林大桥上看日落时的余晖从曼哈顿高楼林立的缝隙中射出的光亮，是一幅非常生动的立体画卷。

[纽约热狗]

纽约热狗采用纯牛肉制成，特点是高营养、低脂肪，不以油炸为主，这种食物在全世界都受到喜爱，由数据可知：热狗加盟店达3000多家遍布世界各地，韩国有300多家，在中国本店是第一家也是亚洲面积最大（718平方米）的一家。

有数据统计，美国每年要吃掉210亿个热狗，人均90个，可以绕地球28圈。

国民小吃——热狗

热狗可谓美国人的“国民小吃”，纽约街头巷尾的各个小贩摊上也总有热狗出售，各个阶层的美国人都很热衷。据说“hot dog”一词来源于一张漫画上的讹写。1906年时，细长流线型的香肠，在美国仍是一种新奇的食物，有各种各样的叫法，还有叫“德希臣狗香肠”的。

创造“德希臣狗香肠”的史蒂文，在纽约巨人队的基地“波洛”运动场内，雇用着小贩在看台上叫卖：“快来买热的德希臣狗香肠！”当时《赫斯特报》的漫画家塔德·多尔根正好也在看台上，听见叫喊，灵感顿生，即兴画了一幅漫画：一个小圆面包里夹一节“德希臣狗”香肠，上边抹了一些芥末。当多尔根回到办公室，将作品润色，写说明时不知为何突然想不起来如何拼写dachshund（德希臣），只好写个狗字，结果漫画中小贩的喊声就被写成了“快来买热狗”，虽然少了个单词，但这幅漫画跟随着这种食品立刻传开了。创造了hot dog一词的多尔根，不仅创造了美国人最爱的热狗，也成了著名的漫画家。

最合适旅游的海港

迈阿密港

海天一色的湛蓝海水，银色的细软沙滩，火热的比基尼美女，这就是迈阿密给人的第一印象。

迈阿密港在20世纪60年代初建港，它不但拥有独特的地理位置，气候温暖、湿润，而且与北美洲、南美洲、中美洲以及加勒比海地区在文化和语言上的密切关系，促使迈阿密有了惊人的发展速度。随着陆、海军基地和拉美航空中继站在这里的建立，迈阿密的交通枢纽地位也逐步显现；而随着港口方面大型客运站的建立，使得迈阿密港替代纽约成为美国最大的客运港。

迈阿密港位于佛罗里达半岛东南端、大西洋比斯开恩潟湖湾内，扼大西洋与墨西哥的要冲，是美国最南部的重要港口。港口码头在海滨潟湖填筑而成的两个人工小岛沿岸，人工岛西北东南一字排开，并有桥梁与陆地连接，船舶入港需经过深挖的海滩运河，运河水深11米，是美国第八大港，佛罗利达州的第一大港，是美国的南大门。

性感迷人的派对海滩

迈阿密海滩位于迈阿密市东大约四英里处。在那里，不同肤色的人躺在白色的沙滩上，自由享受着终年温暖宜人的阳光。蓝天下不断摇曳的光滑椰子树，会让人不由自主放松自己。夜幕降临，这里除了妖娆美丽的海滩，周围还有各种各样的主题酒吧、夜店、餐厅、私人聚会场所，因此迈阿密海滩又被称为“派对海滩”。

[丛林岛]

趣味横生丛林岛

丛林岛是迈阿密一个以热带丛林为背景的主题公园。在这里可以见识到体重高达 900 磅的狮子 Hercules，以及一对双胞胎猩猩 Peanut 和 Pumpkin，还可以近距离的接触到许多可爱的热带动物，在工作人员的指导下，亲手给它们喂养食物。园内还精心策划了多场精彩的表演，吸引了大量的游客。此外，主题公园内还有一个私人海滩，每逢周末，便能见到许多家长带着孩子们来这里嬉戏玩耍。

土豪积聚地——比斯坎湾

比斯坎湾有着无与伦比的地理位置、舒适宜人的气候条件和湛蓝的海水，吸引了全世界的金主来此购置房产，因此这里也被称为“百万富翁区”。

若想全面观赏比斯坎湾的美景，可以体验比斯坎湾巡航之旅。届时不仅能够看到世界级名人富豪的度假别墅；还能欣赏美妙的迈阿密天际景观、迈阿密港口以及其他更多地方。

比斯坎湾除了可以欣赏美景，还有个可以近距离观察海洋生物的地方，那就是坐落于迈阿密比斯坎湾的水族馆。在水族馆中心的鲸鱼和海豚露天剧场，可以看到各种精彩而刺激的大型海洋动物表演，最受欢迎的当然是海豚和杀人鲸的表演。除了表演，这里还能参观许多稀有动物的特色展馆，如拥有 26 只尼罗河鳄鱼的“发现海湾”展馆、海牛展馆、鲨鱼隧道以及暗礁水族馆等，每个展馆都各具特色，集娱乐休闲与科普教育为一体，适合各个年龄阶段的游客。

[迈阿密水族馆]

这是一个集娱乐休闲与科普教育为一体的主题公园，也是南佛罗里达州最具影响力的海洋公园之一。

星巴克起源地

西雅图港

西雅图是清静的，仿佛是蜷缩在美国西北地区的一个角落，从不刻意去追求繁华。蓝天碧海、不可抹去的印第安图腾、空气中飘动的咖啡香，这就是悠闲的西雅图。

西雅图港始建于1852年，由于北太平洋铁路的修建和阿拉斯加金矿的发现而逐渐兴起。该港交通运输发达，是北美大陆桥的桥头堡之一，即横贯美国东西向的主要干线北太平洋铁路的终点站，东部的桥头堡为纽约。

西雅图港位于美国西北部华盛顿州西部沿海普吉特湾的东岸，濒临太平洋西海岸的胡安德富卡海峡的东南侧，是美国第二大集装箱港，也是美国距离远东最近的港口。

太空针塔

太空针塔是西雅图的地标之一，高184米，顶层距离地面158米，在瞭望台和旋转餐厅里可以观看西雅图的全景，包括雷尼尔山、奥林匹克国家公园及普吉湾等。太空针塔兴建于1961年，是为1962年的世界博览会而建成的，于1962年4月21日对外开放。电梯在世博会开幕前才装置完成，于1993年进行了改造，速度达到每小时10英里，搭乘电梯从地面到观景台只需大约40秒钟。

[太空针塔]
在太空针塔的观景台上还有一间规模颇大的纪念品店和气氛优雅的旋转餐厅（每55分钟转一圈），这个餐厅主要以太平洋西北菜为主，也有热腾腾的现煮咖啡，是情侣们制造浪漫的最佳场景。

凯瑞公园

凯瑞公园是一处绝佳的观景点，有着可以观望整个西雅图市区最佳的视角，在这里可以看到太空针塔、西雅图城市景观，甚至远处的雷尼尔雪山也清晰可见。从这里望向市区，太空针塔看上去和市区的高楼重合在了一起。夕阳的金色镀在摩天大楼黑灰次第的楼面上，凝重里更显出辉煌。太空针塔极其流畅的建筑风格和雪白墙面在这个背景的衬托下，显得分外的浪漫。喜欢摄影的游客可以到这里来拍摄最全景的西雅图。

[凯瑞公园]

派克市场

派克市场拥有 100 多年的历史，位于西雅图的海旁，是游客必到的热门旅游景点之一。这里大约有 200 多家商店，供应各类生鲜蔬果，以及各地风俗的手工艺品。在派克市场不单可以买到新鲜无比的海鲜产品，还可以买到五颜六色的水果瓜菜以及种类繁多的鲜花、糕点、服装、杂货和工艺品。

在派克市场并不宽敞的过道上，每天从早到晚都挤满了从世界各地蜂拥而来的游客，他们当中有的只是慕名而来，为的是一睹这个市场的风貌，有的显然是有备而来，巴不得把整个市场的商品都囊括在口袋中，也有家庭主妇为塞满冰箱而努力。

[派克市场]

这个古老市场曾由于城市重整计划面临被拆除的厄运。历经民众八年的积极努力和抗争，市政府才同意在 1971 年举行公投，市场在高度的民意支持下被保存下来。此后，借由政府辅助与民间捐款，重新整修后的派克市场焕然一新，显得更加整齐划一而且生气蓬勃。

华盛顿大学

华盛顿大学坐落在美国最宜居和工作的西雅图市，几乎所有主校园的建筑物都以歌德式风格为主题，中央广场为红砖铺，又叫 Red Square。正对广场的苏赛罗图书馆是典型的歌德式建筑——众多拱门镶嵌人物雕塑，门柱与窗框上都雕有复杂精致的花纹。二楼阅览室的彩绘玻璃窗，在夕阳余晖的映照下会发出淡蓝色的光芒，更为这栋庄严而肃穆的建筑增添了不少璀璨的色彩。

星巴克的根源

说起西雅图港的饮食文化，最令人印象深刻的当数咖啡了。西雅图人非常喜爱咖啡，它是大家一天生活的重要组成部分。有人将这归之于西雅图气候多雨，因此人们需要咖啡来保持心情愉快。也有人认为咖啡馆之所以风行是因为西雅图人生活闲适、惬意。西雅图的咖啡馆和中国的茶馆很像，在西雅图，人们到咖啡馆与朋友交谈，在那里读书、玩游戏，携带电脑工作，或者休息、放松。

Twin-tailed siren (15th century).

在西雅图不仅连锁咖啡馆林立，还有很多特色的小咖啡馆坐落于大街小巷之中，著名的星巴克咖啡就是起源于这里。第一家星巴克位于派克市场内，店内不仅悬挂着最初褐色双尾鳍的LOGO，还可见一尊纪念柱矗立于店内，这也是辨别第一家星巴克的标志。在这里依然能够看到最早版本的美人鱼，她暴露着乳房，摇曳着自己的尾巴。这里是全球星巴克爱好者们的朝圣之地。从特浓咖啡到印度茶拿铁，再到焦糖星冰乐，这家店不仅提供现在菜单上可以看到的所有产品，还能让人感受到星巴克的运营在过去几十年间发生的种种变化。

走进任何一家星巴克，会发现有些顾客三五成群在聊天，而更多人则是直接找到空位，拿出笔记本电脑，完成自己的工作。实际上，他们并没有将星巴克作为“第三场所”，而是“第二场所”——他们工作的地方。大多数人还是买完咖啡就离开，并不在店里提供的椅子和沙发上过多停留。星巴克正一直以来期望作为“第三场所”的目标依然很遥远，它还是没能在店里听到足够多的政治玩笑和学校孩子的闲聊。

[星巴克的美人鱼图案变化]

星巴克的创始人杰里·鲍德温、杰夫·西格和戈登·鲍克是来自旧金山大学的朋友，他们都在“皮特咖啡与茶”的创始人阿尔弗雷德·皮特的指导下学习烘焙的艺术。他们从古老的航海神话中获取了新咖啡公司的灵感，画出了那只迷人海妖的第一个版本，并从赫尔曼·梅尔维尔的小说《白鲸记》中选择了“星巴克”作为公司的名字，它就这么诞生了。

美国都市社会学家雷·奥登伯格划分并提出了“第三空间”的概念，即家里的居住空间（第一空间）和公司的办公空间（第二空间）之外的任何可互动交谈的地方。如果说第一空间和第二空间让人束缚于生存与工作之中，那么第三空间则给人真正的“空”，有了闲暇，让人真正地空下来思考，那思想与创新就能够自然而然地诞生了。历史上著名的“第三空间”有18世纪英格兰的咖啡馆，这里孕育了启蒙运动时期难以计数的创新。

充满魅力的天使之城

洛杉矶港

洛杉矶城中极具殖民主义风格的古城与小东京、中国城等特色区域相隔几步之遥。汇聚顶尖流行文化的好莱坞区让人们尽情享受时尚之都的魅力风采。热辣的西海岸海滩成了人们亲水的好地方，而丰富的主题乐园带领人们逃离繁杂的现实世界。

洛杉矶港位于美国西南部加利福尼亚州西南沿海圣佩德罗湾的顶端。濒临太平洋的东侧，是美国第二大集装箱港，也是美国最大的海港。它是连接美国东西向的干线圣菲铁路的西部桥头堡，东部大西洋岸的桥头堡为费城。

洛杉矶“天使之城”的名字来源于1769年。在那年的8月2日，也是天主教圣母节第二天，西班牙远征队为寻找开设教会地点来到这里，他们于1781年在这里建立城镇，并把这里称为“天使女王圣母马利亚的城镇”，因为这是西班牙语，而翻译过来就是洛杉矶。

热情的海滩

圣莫妮卡海滩是距离市区最近的海滩，平日人潮涌动，热闹非凡。绝美的海景也大受好莱坞导演们的宠爱，其标志性的码头频频出现于各大好莱坞电影之中。这里

［圣莫妮卡海滩］

作为66号公路的终点，它的海岸线有3.2千米长，这里冬暖夏凉，交通便利，不仅适合消夏乘凉，对于那些想度过一个闲适下午的人来说，圣莫尼卡海滩也是最好的选择。

不仅是洛杉矶市民举家度假的首选，也是情侣们享受二人世界的天堂。

华灯初上时，从沙滩一直绵延至大海的太平洋乐园便会成为一片欢乐的海洋。主题派对频频上演，街头加州风情的乐队更是声情并茂。公园中小商品店排列整齐，

特色餐厅众多。这里还拥有摩天轮、过山车等游乐设施供游客游玩，是游客来洛杉矶造访海滩的首选地。

好莱坞环球影城

众所周知，好莱坞是世界著名的影城，20世纪初，一些制片商开始在这里拍片，到1928年已形成了以派拉蒙等八大影片公司为首的强大阵容。20世纪30—40年代是好莱坞的鼎盛时期，摄制了大量成为电影史上代表作的优秀影片，并使美国电影的影响遍及世界。同时好莱坞也发展为美国一个文化中心，众多的作家、音乐家、影星及其他人士汇聚于此。在好莱坞环球影城，不仅可以参观电影的制作过程：像是目睹大白鲨从水底窜出、体验在地铁站中遭遇大地震的恐怖，以及亲眼看到《摩西过红海》影片中的海水如何分开让车身穿越而过的特技效果。

[好莱坞环球影城]

日落大道

离好莱坞影视城不远就是日落大道。日落大道的白天与夜晚有着天壤之别的气氛，之所以得名日落大道，正是因为其“越夜越疯狂”的特点。整条街最出名的一段位于日落地带沿线，好莱坞最著名的酒吧与俱乐部汇集于街道两旁。每当华灯初上时，这里便会成为一片豪华跑车的天堂。各大酒吧举办着不同的活动吸引人们前去消遣这迷醉的夜晚，灯火闪烁的大型俱乐部“诱惑”着人们踏进这片纵情的天地。在日落大道，人们仿佛忘却了时间的早晚，越晚越能感受到这里的激情洋溢。在日落大道，完全可以抛下烦恼，彻底沉浸在这片灯红酒绿的喧闹街区。

[日落大道]

以好莱坞和贝佛利山庄之间排满精品店、饭店和夜总会的好莱坞日落大道最为著名，贝佛利山庄的日落大道两侧都是影视明星和娱乐界巨头的百万美金豪宅，相邻的贝尔艾尔还有全球首屈一指的研究学院加利福尼亚大学。

太空中心

休斯顿港

休斯顿地处坦荡的沿海平原，气候暖湿，在秋冬时候有些凉，但也别有一番风情。

休斯顿位于墨西哥湾加尔维斯顿的西北岸上，是美国得克萨斯州的第一大城市，每年在该港挂靠的商船平均在 7000 艘以上，号称美国第二国际商港、货物吞吐量超过 2 亿吨，已率先通过 ISO 国际环境质量标准，成为美国第一家和世界首批的“绿色”港口。

据历史记载，休斯顿港的第一艘汽船出现于 1863 年。当时的加尔维斯顿港湾的水深不过在 2 米左右，后来几经疏浚，才成为可以航行远洋轮船、直通墨西哥海湾的港口航道，从此休斯顿港的迅速发展一直没有停步。年均收益超过 77 亿美元的休斯顿港，每年为美国社会提供多达 7 万多个直接劳动岗位和近 13 万个间接就业岗位。其中 90 % 的劳动岗位提供给了得克萨斯州当地居民，为当地经济的繁荣和社会稳定，尤其是美国南北贸易的迅猛发展做出了重大贡献。

凯马木板人行区

紧靠休斯顿港的凯马木板人行区是个修建在木板上的游乐场。在这里，可以畅享游乐设施、购物、观看现场表演以及参加周末庆祝活动，还可以挑战子弹头过山车，最刺激的是乘坐火车和摩天轮，在降落区俯冲 40 多米。

山姆·休斯顿，美国最出名的牛仔之一。少年时流浪成为印第安酋长养子，婚姻失意后辞去田纳西州长职务再次入籍印第安部落。后大破墨西哥军队，以战功任得克萨斯共和国第一任总统，得克萨斯并入美国后任得克萨斯州州长。美国第四大城市休斯顿即以他命名。

[凯马木板人行区]

太空中心 NASA

到了休斯顿，NASA 一定要体验一下，它是一个太空中心，也是这个地区最吸引游客的景点。里面有很多珍贵的实物展品，如返回舱和月球岩石、有关登月球的介绍、高科技演示等。

在这里游客可以用手触摸月球上采集回来的岩石块，可以看宇航、登月及星际旅行的电影（三场电影总共 95 分钟），看登月的火箭。

全部游览下来要 4 ~ 6 个小时。从火箭公园再往里面走不远就是当年登月后召开新闻发布会的地方。这个地方在室外，一切按原样布置。

[NASA 太空中心]

约翰逊太空中心于 1962 年成立，当时投资超过 12 亿美元。其坐落在休斯顿市区 40 千米外，占地 1620 公顷。

休斯顿也是海洋科学研究中心。美国 70 多家海洋研究机构有一半在这里设立总部，另一半在这里设有办事处。至少有 1500 家休斯顿公司活跃于此领域。

赫曼公园

赫曼公园位于休斯顿港以南，被德州医学中心、莱斯大学、动物园及众多的博物馆包围。公园门口矗立着得克萨斯的先驱者萨姆·休斯顿雕像，绿树成荫的公园占地面积达 165 公顷。园内还有休斯顿动物园和自然科学博物馆，既可以观赏风景，又可以普及科学知识，两全其美。

[赫曼公园]

广场中间大理石砌成的凯旋门上有着休斯顿将军的铜像，也就是他让这片沼泽地焕发生机。而前面则是错落的水台，乘坐公园内的小火车可以穿梭到城市中央公共的高尔夫球场。

公园雕像

休斯顿将军

露天剧场

老港城

巴拿马港

漫步在巴拿马港边，岸边巨石垒砌防护堤形成优美的弧线，椰树婆娑，绿草茵茵，一栋栋高楼矗立在海滨大道旁，一派热带海滨城市的美丽景色刺激着游人的视觉感官。

巴拿马港位于中美地峡东南部，南濒太平洋，北临加勒比海，扼巴拿马运河太平洋入口处，是沟通大西洋与太平洋的著名国际航运水道。

巴拿马原为印第安人渔村，1671 年被英国海盗烧毁，随后与原址西 8 千米处重建。1903 年起成为巴拿马首都，随着巴拿马运河的通航而发展，城市内的工商业主要为运河发展提供服务。巴拿马运河横穿巴拿马地峡，连接太平洋和大西洋，是重要的航运要道，被誉为世界七大工程奇迹之一，具有重要的经济意义和战略意义。

港城风光

巴拿马城区分为 3 个部分：古城区、老城区和新城区，其中古城区被海盗洗劫后烧毁，残存的仅是些大型砖石建筑，是考证巴拿马历史渊源的现场和旅游者云集之地。

穿过历史丛林而留下来的有圣母大教堂、圣何塞修道院、老市政府、奴隶市场、圣胡安医院等。这些都是有“太平洋皇后”之称的巴拿马城的历史见证。老城又称殖民区，于1673年重建，是殖民时期的印证：楼房、胡同、石街、教堂、博物馆，有西班牙式、法国式和意大利式三种风格并存，法国式和新古典式尤为突出。有些楼房年久失修，外观破烂不堪，门窗油漆脱落，有历史沧桑的感觉。但即使是破旧的楼房依然有人居住，还在阳台上养花种草，很有生活气息。

[巴拿马古城]

古城距新城中心8千米，现仅存那座最初的巴拿马城遗迹。1671年，英国海盗亨利·摩根洗劫并放火烧毁了巴拿马古城。

老城区里有几个教堂，其中有一个大教堂是新旧建筑的结合体，中间的教堂是老建筑，两边相连的塔楼是新建筑，新老结合，相得益彰。

港城习俗

巴拿马居民的主要食物是大米，其次是玉米、豆类、君子兰和香蕉。“瓜乔”是巴拿马最有名的民族菜，是用大米、豆类和肉做成的。人们还喜欢吃用玉米面和肉做成的玉米面饼、腊肉大米饭等。

巴拿马居民常喝的饮料是可口可乐、百事可乐和咖啡等。巴拿马的自来水可以直接饮用。

巴拿马居民的禁忌和其他拉美国家的基本相同，妇女不喜欢别人问及她的年龄，人们厌恶打听男女的私生活情况和工资收入，巴拿马人认为每月的“13”号这一天是最不吉利的日子。

[巴拿马老城]

巴拿马城拥有简洁便利的国际化生活方式，是历史和现代特色的完美结合体，也是美洲最安全的城市之一。

高科技发达的地方

圣弗朗西斯科港

圣弗朗西斯科位于美国加利福尼亚州西海岸半岛，是一座山城，三面环水，环境优美，并受太平洋加利福尼亚寒流影响，有典型的凉夏型地中海式气候特征。

[金门大桥]

圣弗朗西斯科，又译“旧金山”“三藩市”。旧金山是美国加利福尼亚州太平洋沿岸港口城市，是加州的第二大城市，也是美国西部最大的金融中心和重要的高新技术研发和制造基地。

19世纪这里是美国淘金热的中心地区，早期华人劳工移居美国后多居住于此，称之为“金山”，但直到在澳大利亚的墨尔本发现金矿后，为了与被称作“新金山”的墨尔本做出区别，而改称圣弗朗西斯科为“旧金山”。

圣弗朗西斯科港是美国太平洋沿岸仅次于洛杉矶的第二大港市，华人称为旧金山，亦称为三藩市，位于加利福尼亚州西北部，美国西海岸中点，它是美国与太平洋地区各国贸易的主要海港，素有“西海岸门户”之称。港口自然条件优越，设施优良，有各种专用码头、泊位和现代化装卸机械、仓库等，主要分布在海湾以东的里士满和奥克兰附近。

金门大桥

每当乘船从太平洋北美大陆靠近旧金山港时，首先映入眼帘的便是一座飞架于海湾之上的巨型吊桥，这就是闻名遐迩的金门大桥。金门大桥是世界上最大的单孔吊桥之一，被视为旧金山的象征。在淘金热的时候，这座桥如同是通往金矿的一扇大门，因此被命名为“金门大桥”。

恶魔岛

恶魔岛是一座岩石从生的小岛，是以前美国联邦政府囚禁恶性重大的囚犯的地方。在这里关过的恶徒包括芝加哥“教父”卡邦，杀人如麻又天赋异禀；对鸟类极有研究的“鸟人”史特劳德和冷血的“机关枪”杀手凯等。

此岛四周有着冰冷汹涌的波涛和凶残嗜血的鲨鱼，逃狱活命是绝无可能，囚犯们只能透过监狱的铁窗望着生机无限的旧金山，接受另一种残酷的精神刑罚。如今在岛上的商店里，售有那些刑期已满的囚犯的回忆录，他们都宣称那是种“永生难忘的痛苦经验”。

此岛虽然有阴森的历史，但是它也是一个野生动物的庇护所，吸引了棕色的鹈鹕、夜苍鹭、西部海鸥和许多其他种类的鸟在此栖息。

餐饮特色

旧金山港渔人码头丰富的海鲜菜品向来都是旧金山的保留大餐。旧金山的饮食口味也极多元，中餐馆是其中的重要部分。旧金山号称有全美最正宗的中餐，唐人街一向都是食客们的天下。旧金山的咖啡也是其饮食文化的一大组成部分，街头的咖啡店与快餐店一样随处可见，而花样繁多的咖啡品类更一度成为热衷此道之人的研究对象。

如果要品尝新鲜的海产，就要到海鲜宝库渔人码头。在靠近渔人码头标志周围成排的摊位上可以买到速食海鲜、如海鲜三明治、水煮螃蟹等。

[恶魔岛]

恶魔岛，原名鹈鹕岛，尽管和旧金山市仅有咫尺之遥，但这个岛因为特殊的地理环境被联邦政府设置为监狱，直至1963年因为无法维持开支而被关闭。

作为军事监狱期间，曾有80名犯人企图逃离恶魔岛，其中大部分被抓回，1人被淹死，有三个人可能确实已经越狱成功了。1961年开始，这三名越狱者开始依靠从偷来的勺子、硬币和指甲刀挖掘混凝土墙，甚至还用偷来的吸尘器马达自制了电钻。以监狱手风琴演奏时间做掩护，用了一年的时间，在各自隔间混凝土墙上的通风口处挖出了大洞，并用湿报纸糊成的假墙骗过了看守。磨断了隔栅后，通向监狱屋顶的大门终于打开。1962年6月的一个深夜，三人钻过洞口，接着爬到房顶，三人组抱着自制的充气筏爬下9米高的屋顶，躲过巡逻到达海边。这三位“天才”用报纸、塑料、头发、颜料等材料做了三个和他们长相一样的“半个脑袋”放到他们的床上，所以在看守员巡查的时候没有发现端倪。他们在黑暗中用手风琴改装的风箱充足气，挥桨起航，就此消失在夜色苍茫的大海上，不知所踪。

Africa Articles

4 非洲篇

7 欧洲的后花园

突尼斯港

在突尼斯港，可以借着海风感受千年老港的风貌，笑看云卷云舒，惬意游走在阳光灿烂的小城中。

突尼斯港位于突尼斯东北沿海突尼斯湖口，在突尼斯湾西南岸，濒临突尼斯海峡的西侧，突尼斯湾是突尼斯港的深水外港。有4个深水泊位；一个杂货泊位在北岸，南岸有石油、铁矿石和磷灰石泊位，码头水深一般达9.7米。西港区在突尼斯城东南，紧靠城市，有运河与海相连通，运河长6.25海里，水深7.3米，只能通过吃水6.6米的船只，宽度也仅10米，是单线运河，中途设有会让站；内港水域12.15公顷，水深6.6米，有3个码头，总长1080米。主要输出酒类、柑橘等水果、磷灰石。

突尼斯城有着3000多年的历史，一直是悠久文明和多元文化的融合之地。柏柏尔人和迦太基人在这里留下过印记。古罗马文化、拜占庭文化、现代阿拉伯文化及欧洲特别是法国文化也在这里交相辉映。

突尼斯城位于地中海南岸的突尼斯湾，是一座美丽而宜人的海滨城市，这里阿拉伯建筑与现代建筑艺术相融合。旧城麦地那保持着古色古香的阿拉伯东方色彩，有近十座城门保存尚好，如新旧城相接的海门，旧城与郊区相接的苏卡门等。市中心繁华热闹的街道是布尔吉巴大街。城市北部有风景区贝尔维黛公园，著名的古罗马水渠渡槽从西郊农业区通过。由于突尼斯靠近欧洲，因而经常成为国际会议的举办地。

突尼斯城也是一座富有现代气息的非洲都市，它虽不像纽约、东京、上海那样充斥着摩天大楼，但依然布满了规划工整、新旧相错的现代建筑群。宽敞繁华的布

[突尼斯海滩]

尔吉巴大街号称是“非洲的香榭丽舍大街”，大街并不是很宽，街两边咖啡馆林立，与家人、朋友一起喝咖啡、聊天，是突尼斯人消磨时光的最好选择。

柏柏尔人是非洲北部民族，属尼格罗—欧罗巴混血人种。实际上柏柏尔人并不是一个单一的民族，它是众多在文化、政治和经济生活相似的部落族人的统称。

特色小镇

蓝白小镇位于突尼斯首都突尼斯城东北部，是突尼斯隔海望向欧洲的门户之一，之所以称它为“蓝白小镇”，是因为这个坐落在地中海边峭壁上的镇子，所有的房屋

[蓝白小镇]

据说1916年，当地政府就发文规定，此镇建房，一律只能用蓝白两色，近一百年来，家家户户恪守不渝。

只有两种颜色，白色的墙，蓝色的门窗。提起蓝色与白色的小镇，很多人可能最先想起希腊的圣托里尼。然而，当到达西迪布撒以德山脚时，看着满眼蓝白交错映衬在地中海光辉下，嗅着薄荷茶淡淡的甜味，望着小镇街道中不时穿梭着的向你推销花毯的阿拉伯孩童，你才会明白它是与众不同的。这里被许多人称为“最佳求婚地点”，它还被评为“世界十大世外桃源”。

麦地那是原先阿拉伯人居住的老城，里面小巷纵横，相似的商店到处都是，即便是当地的导游也时常会迷糊走错路，但是这里的小贩和路人都很友好，都会主动跟你问好。所以，即便是最没有方向感的人，走在突尼斯麦地那老城，也一定不会缺少安全感。麦地那卖各种东西，甜品糕点、手工小饰品、阿拉伯风格的餐具、衣服帽子鞋、家纺、建材、餐厅……基本上什么都能买到。

在西元前8世纪—前146年，就有迦太基人生活在今非突尼斯北部、临突尼斯湾北区。大约在公元前8世纪—公元前6世纪，迦太基人开始向非洲内陆扩展，并控制了北非的大部分腓尼基人殖民地。与此同时，迦太基亦向西地中海进发，占领了西班牙南部海岸及其附近岛屿、撒丁岛、科西嘉岛及西西里岛西部等，开始称霸西地中海，与希腊分别控制着地中海的西东两边。

[杰姆古罗马竞技场]

位于突尼斯东部的杰姆城，是世界上保存最好的古罗马竞技场。1979 年联合国教科文组织将杰姆的古罗马竞技场作为文化遗产，列入《世界遗产名录》。

[迦太基遗迹]

据罗马史诗《伊利亚特》描述：为躲避兄弟的仇视，腓尼基的狄多女王逃离了泰尔王国，来此领导着这个欣欣向荣的国家，它就是始建于公元前 8 世纪的迦太基。从远处能眺望这座崛起的城市。

罗马竞技场

一个全露天式剧场，被森林和连绵起伏的丘陵环抱。这里曾经是罗马世界最大的竞技场，能容纳 4 万人，但是现在只剩下了一个椭圆形的地基。它的建筑设计并不落后于现代的美学观点。事实上在今天，每一个现代化的大型体育场都或多或少地烙上了一些古罗马斗兽场的设计风格。当年的花园、草坪和小湖早已踪迹渺然，但我们还是可从周围的萋萋芳草、行行绿树和低洼地势之中寻觅和察知一些当年的繁盛。

迦太基古城遗迹

有人说："人到突尼斯，必至迦太基。"迦太基是突尼斯的标志。古老的迦太基古城遗迹，紧傍地中海岸。公元前 3 世纪到公元 7 世纪，腓尼基人、罗马人、汪达尔人、拜占庭人先后占领过迦太基，并在这里建立国都或首府，最后归于阿拉伯人手中。每次争夺都非常残酷，都以踏平迦太基而结束。1979 年这里被列为世界遗产名录，这里的建筑比隔海的古罗马城还早 61 年，是当年地中海地区的政治、经济、商业中心。不仅如此，有专家发现迦太基人精于航海，因为迦太基古城近来发现了两个迦太基时期的军港，其中的一个有大船坞，能容纳 200 多艘船只。

尽管历史沧桑变迁，这座近 3000 年历史的名城仅剩残垣断柱，然而仅是这历史遗迹的宏大霸气，建筑工艺的精巧细致以及格局的先进科学，均可见到当时的繁荣昌盛。

[塞得港工业区]

苏伊士运河的出口

塞得港

塞得港的地理位置十分重要，兼有城市、港口和运河三种特色。所在城市气候温和、植被茂盛、风景幽雅、古迹众多，是非洲地区一个集旅游、观光、度假、贸易、投资为一体的理想的地方，每天吸引着大量来自世界各地的客人。

塞得港原为一小村，1859年随苏伊士运河的开通而兴建，以当时派驻的总督塞得·帕夏的名字命名。19世纪末曾是世界上最大的加煤站。在1956年西奈战争中，由于大规模空袭和英法军队登陆使塞得港受到严重破坏。在1967年六日战争中，以色列军队占领运河东岸，继续关闭运河，该城也一蹶不振。

1975年苏伊士运河重新开放后，埃及的萨达特总统颁布“开放门户”政策，塞得港才得以重建。它扼守印度洋、大西洋、地中海和黑海沿岸各国航路的要冲，为重要的货物转口港，有完善的装卸、储存及修船设施。现以供应重油为主，同时也是尼罗河三角洲东部棉花、稻米、毛皮等的出口港，港口工业区中有船舶修理、化工、食品、羊毛加工等工业。

塞得港的城市布局合理，宽阔的现代化马路自市中心的烈士广场向四面八方伸展，四季常青的树木整齐地排列在街道两侧。塞得港除在经济方面为埃及的国家建设发挥着特殊的作用外，它那秀丽的海岸、漂亮的城市、

塞得港位于苏伊士运河北端地中海岸，港口沿苏伊士运河的北口，濒临地中海北岸，该港自1859年随着苏伊士运河的开通而逐步发展。它是埃及的第二大港口，也是澳、新地区及南亚与地中海各港之间的转口港、尼罗河三角洲东部所产棉花及稻谷的输出港，还是世界最大转运港之一。

众多的名胜以及舒适的食宿条件，也吸引着众多的游客前来。

塞得港市区内的旅游景点众多，如烈士广场、纳赛尔博物馆、贾瓦德·胡斯尼烈士博物馆、军事博物馆、烈士墓、蒙扎莱湖以及福阿德港等，都是值得游览的地方。

纳赛尔博物馆里陈列着塞得港人民反抗英、法占领军的实物和图片，记录了一个小城市人民为了独立和自由而斗争的英雄事迹。

[清真寺高高的塔楼]

[军事博物馆]

军事博物馆里陈列着塞得港居民在反抗外国占领的各个时期的武器、器械和装备等。烈士墓是为了纪念在1956年、1967年和1973年的三次战争中而牺牲的人们。

蒙扎莱湖是一个保持自然状态的地区，是人们游览和小憩的好地方。福阿德港是塞得港的一处环境优美、布局得体的郊区，位于苏伊士运河东岸，面对西奈半岛，有轮船往来，有着花园般的环境。

西非日内瓦

洛美港

洛美港南端被连绵平坦沙滩所环绕，风景优美，四季如春，似乎能给人一种岁月静好的感觉。

洛美是一座美丽的海滨城市。幢幢白楼掩映在热带繁花丛中，拔地而起、直插云霄的椰子树叶，似一头青发披散在从大西洋吹来的和煦海风中；火焰树夺目的红花点缀于香蕉、棕榈、芒果、油梨等高大的绿树间。市区街道不时可见巨大而新奇的雕塑艺术品，给这座整洁、祥和的城市平添了独特的艺术魅力。洛美以其风光旖旎、人民热情好客闻名于世，许多非洲和国际性会议都选择在这里举行，洛美也因此有了“西非的日内瓦”的美誉。

洛美是非洲最小的国家之一多哥共和国的首都，位于多哥的西南角，东西长 12 千米，南北长 7 千米，就像一把门闩，向外可以辐射几内亚湾所有国家，向内可以深入西非甚至中非腹地。因此，洛美港既是西非沿海重要的商品集散地，又是西非内陆国家对外贸易的货物转运点。

独立纪念碑

在洛美市区的大广场上修建有独立纪念碑。纪念碑是方形的水泥建筑，高约 18 米，碑上的塑像展现了双手高举过头、挣断殖民枷锁的黑人斗士形象，象征获得解放和自由；它前面的雕像是一位黑人母亲，手举火炬，象征永远光明。

[独立纪念碑]

多哥湖

多哥湖坐落在洛美往东 30 千米的地方，有着丰富的水上运动，也是自然爱好者的天堂。湖的两旁景色优美，植被非常丰富，湖的入海口时常涌起浪花，非常适合初学者冲浪。在多哥湖上可以见到许多渔民，他们在湖上乘着用挖空的树干做成的小船，忙活着回收渔网和渔笼。

洛美市的旅游业近十多年来有很大的发展。充足的阳光、金色的沙滩、蔚蓝的海水、茂盛的热带植物、便利的交通使大批的外国游客蜂拥而至。多哥政府利用外资在洛美市修建了大批旅游设施。

巨浪滔天的港

弗里敦港

弗里敦港位于塞拉利昂半岛的北部丘陵带上，前面是茫茫的大西洋，背后是郁郁葱葱的群山。

弗里敦港位于塞拉利昂西北沿海罗克尔河口南岸，濒临大西洋的东侧，是塞拉利昂的最大海港。弗里敦是塞拉利昂主要的出口港口，港区主要码头泊位有8个，岸线长1100米，最大水深约12米，主要出口货物为钻石、黄金、铁矿、可可、铝土及棕榈果等。

在弗里敦，多数人过的是传统的农耕生活。

到弗里敦旅游的人，都要去观赏市中心一棵巨大的木棉树，它矗立在市区中心的交叉口上，有30多米高，十几人抱粗，虽逾500岁高龄，依然遒劲挺拔，枝叶繁茂，生机勃勃。木棉树是弗里敦的象征，塞拉利昂的纸币上也印着它的倩影，这里的小学生作文比赛常以“我与木棉树”为题。

据说，在这棵古树下曾经是西方殖民者贩卖黑人时集合“黑奴”的地方。今天，这里已成为塞拉利昂人民欢度节日时载歌载舞的场所。在这棵大树的北侧，有一座“木棉树大楼”，这是塞拉利昂国家历史博物馆。总统府也在木棉树附近，是一座欧式建筑。弗里敦的气候温和，常年气温一般在24 ~ 32℃之间，因此，这里终年碧树成荫、鲜花盛开，是一座非洲西部的花园山城。

[国家博物馆雕像]

弗里敦的渔业资源丰富，主要有邦加鱼、金枪鱼、黄花鱼、青鱼和大虾等。弗里敦还设有福拉湾学院、马尔盖师范学院、弗里敦教师学院以及工学院等高等院校，倘若时间充足，可以到此一游。另外市内还有几座清真寺和教堂，包括著名的英国圣公会圣乔治大教堂。国家博物馆设在以前的棉花树火车站内，收藏有历史文物以及传统的木雕和石雕。

怀抱三大洲的海港

亚历山大港

亚历山大港最吸引游客的不是阳光海洋沙滩，而是其丰富的历史遗迹。

亚历山大城始建于公元前 332 年，是按其奠基人亚历山大大帝命名的，作为当时马其顿帝国埃及行省的总督所在地。在亚历山大大帝死后，埃及总督托勒密在这里建立了托勒密湖，亚历山大也成为当时埃及王国的首都，并很快成为古希腊文化中最大的城市，在西方古代史中其规模和财富仅次于罗马。但在埃及的伊斯兰教统治者奠定了开罗为新首都后，亚历山大港的地位不断下降。在奥斯曼帝国末期它几乎已沦为一个小渔村。

亚历山大港是埃及在地中海岸的一个港口，也是埃及最重要的海港，尼罗河多支的、现已干枯的入海口位于亚历山大港东 19 千米处，古城卡诺珀斯的遗迹就在这里。其港口性质为湾颈河口，设有自由工业区。

亚历山大城是古代欧洲与东方贸易的中心和文化交流的枢纽。第二次世界大战后发展迅速，现为著名的棉花市场，也是埃及重要的纺织工业基地。

亚历山大著名的文化遗迹有亚历山大——法罗岛灯塔和亚历山大图书馆等。前者是世界七大奇迹之一，但毁于地震。后者是托勒密王室的王家图书馆，克里奥帕特拉七世时期曾毁于大火，罗马王朝时期重建。公元 391 年，罗马帝国驻埃及的阿非罗主教下令烧毁亚历山大图书馆的藏书。这标志着埃及的古典文化时期结束，也是欧洲中世纪文化时期开始的标志。

[亚历山大港灯塔猜想图]

亚历山大港灯塔，从公元前 281 年建成点燃起，直到公元 641 年阿拉伯伊斯兰大军征服埃及，火焰才熄灭。这座 135 米高的巨型灯塔屹立了 1000 多年之久才被地震所毁，它日夜不熄地燃烧了近千年，是人类历史上火焰灯塔所未有过的。现在，亚历山大港灯塔的遗址位于埃及亚历山大城边的法洛斯岛上。

古城保留到今天的遗迹很少。由于地震造成的地面降低，王宫和居民区的大部分地区下沉到今天的港口内，其他遗迹则被今天的建筑覆盖。

“庞贝柱”是遗留下来的最著名的亚历山大遗迹。它本来立在亚历山大的祭祀庙中，如今则成了一座阿

[亚历山大图书馆]

亚历山大图书馆始建于托勒密一世（约公元前 367—公元前 283 年），盛于托勒密二世、托勒密三世，是世界上最古老的图书馆之一。

[庞贝柱]

庞贝柱又称骑士之柱，是一根粉红色亚斯文花岗岩石柱，柱顶顶着花形柱头。石柱原是萨拉皮雍神庙的一部分，萨拉皮雍神庙是希腊一埃及神萨拉皮斯最重要的神庙，最初建于托勒密三世在位时期。神庙仅仅存在很短时间就被毁了，只有石柱保存下来，成为航海者的航标。巨大的石柱已经耸立了 1600 年。

十字军将士误认为古罗马大将庞贝（公元前 106—公元前 48 年）被恺撒击败，逃到埃及，死于埃及人之手，其骨灰存于柱顶骨灰罐里，故欧美人士至今仍以庞贝柱称之。

拉伯墓地附近的小丘。祭祀庙下是阿匹斯神庙的遗迹，其雕刻的墙内的小空间可能被古代的图书馆用作贮藏室。

亚历山大城的地下墓室在庞贝柱西南不远，是一座多层的迷宫，进口是一个巨大的旋转楼梯。其中有 10 多个墓室，有雕刻的柱子、雕像和其他罗马—埃及混合的宗教符号和棺材。还有一个大的用来供亲属进行纪念宴会的罗马式的宴会厅。

目前亚历山大城最大的发掘区是古城保存良好的剧院和罗马时代浴池的遗迹。虽然亚历山大城付出了巨大努力来保护其遗产，但不时有当地的盗墓者、打井者、建造者会遇到有价值的古物，这些珍品往往被走私进入私人收藏。

早在 1895 年就已有考古学家在此发掘。德国人在 1898—1899 年再次发掘。亚历山大城始终有发掘工作在进行。当地考古学会和个人捐款资助这些发掘工作。尤其希腊人对这座城市的希腊历史非常骄傲。亚历山大港博物馆始终在进行发掘工作。

连接两大洋的海角

开普敦港

开普半岛拥有一直向大西洋方向伸展的山脊，以好望角为终点。当小船向开普敦港缓缓靠近，可以看见桌山的地势形成了一个有如碗形的地区，被近乎直角的峭壁所包围，两旁为魔鬼峰和狮头峰。

开普敦港背山面海，西部濒临大西洋，南部插入印度洋，居两洋之会，为天然良港。1652 年 4 月荷兰东印度公司在开普敦的桌湾设立过往船只供应和靠岸点，1743 年建立停泊处，成为南非最老的港口及西欧殖民者在南部非洲的第一个扩张据点。随着殖民者殖民领域的不断拓宽，开普敦成为荷属开普敦殖民地的首府。19 世纪初，英国夺取开普敦殖民地后，为掠夺内地资源而兴建了通往威特沃特斯兰德的铁路，促使开普敦港一度成为南部非洲货物吞吐量最大的港口。1961 年南非退出英联邦，改称南非共和国，开普敦成为其第二大工业中心，也是其重要港口。

开普敦港位于南非西南沿海桌湾的南岸入口处，南距好望角 52 千米，濒临大西洋的东南侧，是欧洲沿非洲西海岸通往印度洋及太平洋的必经之路，也是多条国际航线交汇点，交通和战略位置极为重要。开普敦是南非的金融和工商业中心，其港口也是南非的主要港口之一。

[大康斯坦提亚葡萄酒庄园]

大康斯坦提亚葡萄酒庄园位于开普敦市南半岛区康斯坦提亚谷地的中央地带，是南非最古老的葡萄酒庄园，距今已有 300 多年历史。由开普敦第一任荷兰总督西蒙·范德斯代尔选址于此处建园。庄园背靠桌山，四季都有充足阳光和雨水，特别适合种植葡萄。这里出产的红酒非常优质，享誉世界，受到全世界葡萄酒爱好者的青睐。来到葡萄庄园不仅可以欣赏到优美的田园风光和庄园风情，还可以品尝到口味纯正的葡萄酒。

这里是开普敦

爵士乐、品尝葡萄酒、开普敦的荷兰式历史建筑，似乎都能成为游客到开普敦旅游的原因。

开普敦曾被荷兰和英国统治，这里的建筑都遗留着很浓厚的欧陆风格。荷兰式建筑的葡萄酒博物馆、巴洛克风格建筑的市政厅大楼以及在长街的街道两旁的也建有不少的维多利亚式的楼房。另外波卡普则建有清真寺，令开普敦的文化交融更多元化。

另外，在圣乔治街的绿市广场则是著名的跳蚤市场，贩卖不少来自当地以及其他的非洲国家如津巴布韦、肯尼亚等地的特色工艺品。一年一度的开普敦吟游诗人嘉年华在每年的1月2日举行，参与嘉年华的队伍都会穿上色彩鲜艳而富有特色的服装，并一边手持着色彩缤纷的雨伞或演奏音乐，一边游行。

[企鹅滩]
1982年，当地渔民在这里发现了最初的两对企鹅，在当地居民自发的保护下，经过20多年的繁衍，现在企鹅的数量已经超过了3000只。

企鹅滩

斑点企鹅是南非特有的品种，是企鹅种类中的小个子，胸前有黑环及黑色小斑点，粉红色眼圈，主要生活在开普敦、东伦敦沿岸。开普敦企鹅滩最吸引的游客的莫过于可以登上走廊，近距离观赏憨态可掬的企鹅，体验大自然带来的无限魅力。企鹅滩是保达斯海滩的一处景观，几千只南非企鹅在这里蹒跚地游走，或是在海边自由自在地嬉戏，或是在树荫下栖息。

大海对于企鹅来说，虽然是提供食物的场所，却也是充满危险的地方。有许多肉食动物在海中伤害企鹅，包括海狮、海豹、虎鲸等。最可怕的莫过于海豹了，它通常会捕捉较弱或生病的企鹅。而健康的企鹅一般游得比海豹快，并得以逃脱。

上帝的餐桌

桌山是开普敦的地标，其山顶如桌般平坦，好像是用刀削平的，右侧是狮头山和信号山，左侧是魔鬼峰。每年夏季大量水气在遇桌山后上升至山顶，在冷

空气作用下，形成云团将整个桌山覆盖起来，仿若仙境。每当这个时候，当地人便说是上帝铺好了“桌布”开始用餐了！

从 1929 年开始，长 1220 米的索道就投入使用，游客可乘坐缆车到达山顶，在缆车内可全方位的饱览美景。其风景胜在山势如刀削一般陡峭，山顶却一马平川，南北绵延 3 千米，因其形似一张餐桌而得名，素有“上帝的餐桌”之称，如果能拿出一天时间徒步登山并在山顶环绕一周，看到的风景要远胜乘缆车上下。

[桌山]

桌山 (Table Mountain)，是南非的一座平顶的山，海拔 1087 米，耸立于高而多岩石的开普半岛北端，山顶可俯瞰开普敦市和对面的桌湾。桌山四周几乎都是笔直的绝壁，徒步攀登桌山是一件非常危险而辛苦的事情。而乘坐缆车上山是一种轻松惬意的途径。

海豹岛

海豹岛是一座位于豪特湾上的小岛，因岛上为数众多的海豹与海鸥而闻名。可以搭乘船（有部分舱底是透明玻璃底，可提供难得一见而真实的海豹水底生活）前往这个小岛观看上千只的海豹、海鸥与其他海鸟的生态活动，是一次难得的经历。如果运气好的话，还可以看到罕见的白鲨鱼，甚至是它们捕食海豹的情景。游客和摄影爱好者多在豪特湾港口的水手码头乘船前往这里。

[海豹岛]

海豹岛上的海豹原本生活在桌湾的罗本岛上，只因罗本岛渐渐被人占据并改建为关押政治犯的监狱（曼德拉曾在那里被关押了 27 年），海豹们最终只好栖居在这些远离陆地的礁石上。

游轮在距离海豹岛很远的距离就要停船，否则怕船下螺旋桨会打伤好奇的海豹；游客们则不再喧哗，默默地观赏、不停地拍摄那岛上、海里千姿百态的海豹。

开普敦作为南非旅游最为发达的地区，汇集了世界各地的美食，开普敦当地美食以肉类和海鲜为主，辅佐各类香料进行烹饪，还有各类小食，菜式非常丰富。

据说当地的渔民一直以来自发地保护着来海豹岛的海豹，还经常会抛下捕来的小鱼喂食海豹，使得这里的海豹越来越多，终使这里成为开普敦观赏海豹的著名景点。

[开普敦购物中心]

Victoria Wharf 购物中心有很多国际奢侈品牌，也有南非当地很大的零售店。

西非的大门

蒙罗维亚港

蒙罗维亚由梅苏拉多角和布什罗德岛组成。岛上各种热带林木花草长势茂盛，终年苍翠欲滴，四时芬芳吐艳，把整座城市掩映在片片绿林与丛丛花海之中。

1822 年美国殖民协会派人到非洲开拓殖民地。他们在西非圣保罗河口的梅苏拉多角，将一批黑人奴隶从美国南方移居到这里，并将这个地方命名为“利比里亚”，意为自由的土地。之后，他们又把殖民中心区用当时美国总统蒙罗的名字命名为蒙罗维亚。直到 1947 年 7 月，利比里亚共和国成立，蒙罗维亚成为非洲第一个独立国家的首都。

蒙罗维亚位于利比里亚的西南部大西洋岸，圣保罗河河口，濒临大西洋，是非洲大陆距南美大陆最近的港口城市，也是利比里亚的首都。该港是利比里亚最大的港口及西非重要的出海门户之一。

蒙罗维亚的海运业在世界上占有特殊的地位，由于外国商船在利比里亚登记收税低廉，因而悬挂利比里亚国旗的商船吨位居世界第一，是全球著名的“船旗国”。利比里亚是第二次世界大战的中立国，蒙罗维亚又宣布为自由港，故而当时的外国船只为了避免交战双方互相袭击，多来此寻求保护，并挂起利比里亚国旗，从此创造了“方便旗帜”之先声。蒙罗维亚也成了独特的“方便旗帜”港口。

作用首都的蒙罗维亚，东部是政府机关的所在地，这里有行政大厦、国会大厦和市政大厅等。还有西非最古老的高等学府之一——利比里亚大学。此外还有博物馆与国立图书馆等。国会大厦前的广场上有一座高大的纪念碑，其顶端屹立着一位肩扛国旗、手持冲锋号的非洲妇女青铜塑像，为利比里亚自由独立的象征。

[蒙罗维亚港]

商品集散地

马普托港

尽管马普托没有宝蓝色的海水，但是莫桑比克因海滩闻名于世。这里的渔民乐意将游客载往无人居住的临近岛屿，因为那儿海水更加清澈。

马普托港（又名洛伦索贵斯）位于莫桑比克东南沿海圣埃斯皮里图河口，地处马普托湾的西岸，濒临印度洋的西南侧，是莫桑比克的最大海港，始建于1544年，1855年通往南非的铁路建成后，该港迅速发展起来，成为东非的最大港口之一。

[毛泽东大道]

美丽的马普托海滩是莫桑比克著名的旅游胜地，马普托海滩的最美之时是在退潮之后：海边出现宽四五百米的沙滩，金黄色的沙滩中梅花间竹般地点缀着狭长的池塘，池塘的水印着蓝天白云，而再仔细看去，池塘里面虾蟹乱走，为游客展开一幅恬淡而生动的画卷。

在莫桑比克，最出名的就是毛泽东大街，在这里家家户户都悬挂着蓝底白字、用葡萄牙文书写的毛泽东大道××号的门牌。站在街中心，举目四望，一座座风格各异的建筑物，犹如精雕细刻的巨型艺术品，整齐地排列在大街两侧。毛泽东大道上，一条宽约10米的隔离绿化带将30多米宽的大街一分为二，形成了一条树木苍翠、绿草如茵的狭长形街心花园。尽管大街上车水马龙，但井然有序，少有塞车现象。

据了解，当年莫桑比克人民解放军非常信服毛泽东的军事学说，许多官兵爱读毛泽东论人民战争的有关著作。正因如此，1975年，获得民族独立后的莫桑比克政府和人民，便将首都最美丽繁华的一条大街命名为毛泽东大道，以表达对毛泽东的崇敬和对中国人民的友好之情。

历史悠久的北非出口

比塞大港

早在公元前1000年左右，来自泰尔的腓尼基人建立了比赛大这座城市；到了1880年，法国占领比塞大；成为法国所控制的最后一块突尼斯地域。直到1963年，法国放弃该地。

比塞大港从早先的古老港口，变成了如今的海堤与露天咖啡馆是大众化的场所。漫步城中，能看到建于1642年的喷水池、建于17世纪的里巴阿清真寺及其正方形宣礼塔。在老城，手工艺人们在通向大清真寺的狭窄街道两侧编织、敲打、上色。大清真寺以北是带有安达鲁西亚拱顶的街巷和摩尔人的屋舍。建于16世纪的西班牙堡垒位于山顶，如今是一个露天剧场，一年一度的艺术节在此举行，游客还可由此俯瞰城市全景。市政厅、缤纷花园、水上俱乐部等新艺术建筑都折射出这座港城昔日的辉煌。

位于突尼斯最北端，濒临地中海的南侧，是突尼斯的干货港。该港具有重要的战略地位，并拥有现代化的港口设施。港口距突尼斯的迦太基国际机场约65千米，有定期航班飞往世界各地。

古代著名商港

比塞大是古代著名商港。公元前1000年左右，来自泰尔的腓尼基人建立了这座城市。1880年，法国占领比塞大，该市是为法国所控制的最后一块突尼斯地域。1963年，法国被迫撤出该地。

[比塞大圣亚历山大·涅夫斯基东正教堂]

加尔米勒赫

加尔米勒赫是突尼斯东北部地中海边的一座城市，这里曾经是中世纪地中海海盗的大本营，曾经是一座军事堡垒见证了中世纪地中海附近地区政权的更迭，现在则是一个安静的从事农业活动的小城市。在这里可以看地中海美丽的海水，畅想曾经发生在这里的战乱及海盗活动。

7 活力四射的中转地
塔马塔夫港

有典型的港口城市的风情，入夜的生活比白天更加热闹，这里云集着南来北往的商人，同时也是游客的中转地，当地有各种风味的餐馆和酒吧，是一年四季都洋溢着活力的海滨城市。

塔马塔夫位于马达加斯加东部沿海黑斯特角和丹尼阿角之间的一个小湾内，又名图阿马西纳港，是马达加斯加的最大港口。港区主要码头泊位有5个，岸线长1020米，最大水深约10米。港区有仓库面积约2.7万平方米。本港最大可靠5万载重吨的油轮。年货物吞吐能力约500万吨。

塔马塔夫始建于19世纪初，1927年遭飓风破坏后重建。全国一半以上外贸物资经此，是马达加斯加非常重要的中转站。

位于马达加斯加最大港口城市塔马塔夫市北部60千米处的富乐园，是东部著名的海滨和海浴场所。

以前就有和英国人通商的历史，被称为希望之角，意为在这里的人们每天都从充满希望的一天醒来。富乐园的魅力不仅在于美丽的细沙滩、宝石一般的海水，当地热情善良的居民，还有来此寻找灵感的艺术家也增添了它的魅力。所有的一切在这里都是那么和谐，蕉叶为屋顶的小木屋和奢华的海边别墅在一起没有一点违和感，在阳光的照耀下熠熠生辉。这里是放松自己、远离烦恼、享受美食的独家胜地。

[富乐园中的小屋]

塔马塔夫附近除了富乐园，圣玛丽岛一年一度的鲸鱼节，也很有特色。

圣玛丽岛是马达加斯加乃至印度洋观察鲸鱼的最佳地点。每年7—9月，全世界的鲸鱼爱好者在此与鲸鱼约会。大量的座头鲸由南向北，洄游至圣玛丽附近海域进行交配和分娩。它们在水中嬉戏玩耍，翻转追逐，换气时喷出的水柱可达十几米，令人由衷感叹大自然造物的神奇。

[路易港中央市场]

东西方文化交汇点

路易港

走进路易港区，有现代化的玻璃墙大厦、伊斯兰古堡，甚至古典的欧洲式建筑物，真正新旧交错，互相辉映。最难得的是在市区大道上种植了林木花草，高高的排列整齐的椰树及棕榈树配衬着花园内的彩色杜鹃花，充满热带风情。

路易港原由法国总督布唐奈斯于1735年所建，以法国国王路易十四的名字命名，它是毛里求斯的行政中心，同时也是法国船队绕过好望角之后的重要补给港。路易港市内面积不大，但是建筑风格多样，既可看到议会大厦、市政厅、都市剧院、银行、天主教堂等具有西方特点的建筑物，也可看到阿拉伯式的清真寺、印度式的寺院、中国式的庙宇。市内居住着各种肤色的居民，除非洲人、欧洲人、混血的克里奥尔人外，还有阿拉伯人、巴基斯坦人、印度人和相当多的华裔和华侨。

路易港位于毛里求斯岛西北海岸，它不仅是毛里求斯的政治、文化和经济中心，同时也是最大的海港。港区主要码头泊位有8个，岸线长1355米，最大水深11米。码头最大可靠4万载重吨的船舶。大船锚地水深达37米。路易港是南印度洋重要的海底电缆站和国际航运的重要停泊站。

迷人小镇

岛上有个迷人的小镇，在那里大部分建筑均具有欧洲色彩，拥有教堂、购物中心，成为本地人和游客的购物及饮食胜地。这里原来有一座死火山，中央仍有湖水。游客除了可以在山上欣赏火山湖外，更可以一览全市景色。

探究红顶教堂

红顶教堂是个十分袖珍的教堂，其实教堂只是周围环境的点睛之笔罢了。在这里要时刻举着相机，移步异景，各种角度都能得到完全不同效果的照片，海、礁石、官财山岛、红顶教堂、小渔港、草地、圣诞树、碧蓝的潟湖，虽然每样都是小小的，但无论怎样组合都协调无比。

[红顶教堂]

这座由法国人建造的红色屋顶的教堂已有百年历史，它静静地矗立在海边，白墙、红顶的建筑衬托着绿色的草坪以及后方湛蓝的大海，使得教堂成为了毛里求斯明信片中除七色土之外的最佳取景地。它的美丽、浪漫吸引了香港明星陈小春和应采儿来此举办婚礼。

唐人街

唐人街位于路易港市中心，这个位置已经足以彰显华人在此地的地位。从科当水门过来，穿过 A1 公路就到了，非常显眼的一条街，街面上挂着一串的大红灯笼。早在 20 世纪 60 年代便有中国人移居毛里求斯岛，他们大部分来自中国南方一带，多是客家人，绝大多数从事贸易及生意买卖，更有一些是当地大集团的老板，地位举足轻重。

唐人街里有很多贸易公司，但是更多的是餐馆。而这些餐馆又以广东菜为主，粤菜、客家菜和潮汕菜都有不少。

唐人街里面还有一个小广场，经常会有华人的聚会在此举办。如果在毛里求斯待了几天吃西餐和印餐吃腻了，唐人街里的餐厅一定是你的首选。

毛里求斯华侨在这里成立了各种华人组织，如华侨联合会、华商总会、仁和会馆、客属会等。其中，仁和会馆是毛国华人团体中历史最悠久的会馆，迄今已有 134 年的馆龄。

[唐人街]

路易港唐人街可能是非洲最具代表性的一条华人集中居住从商的街区。这里的街道狭窄，建筑陈旧，但是当走进这条街道时，扑面而来的是一股浓郁的中华文化和民族风情的气息，让人体会到中华文明那种无法淹没的鲜明特性。

水上走廊的海防前哨

亚丁港

作为也门最重要的港口，亚丁港有着得天独厚的地理优势，从古代开始，东、西方之间的贸易往来，一般都要经过亚丁港，溯红海而上，经埃及到达地中海各国。在火轮取代帆船的时代，亚丁港就成了一个加煤站；随着内燃机逐渐取代蒸汽机，燃料油逐渐取代煤，世界航海事业迅速得到发展，而亚丁港处在欧、亚、非航线上，是离波斯湾大油田最近的国际驰名港口，过往船只都在这里停泊。

亚丁港位于阿拉伯半岛的西南端，扼守红海通向印度洋的门户，素有“欧、亚、非三洲海上交通要冲”之称，是世界著名的港口。与亚丁港相距约160千米的曼德海峡，堪称红海咽喉，自古以来就是连结欧洲、亚洲和非洲的“水上走廊”。曼德海峡中的丕林岛地处海路要道，是也门西部海防前哨。

亚丁是一座拥有2000年历史的古老城市，最初这里是一个荒凉的渔村。据阿拉伯历史学家们的考证，修建在城市附近山头上的古城堡，可追溯到十字军东征时代（公元11—13世纪），这说明亚丁自古便是一个重要的军事要塞。

亚丁港有着得天独厚的优势，港区周围海水清澈，布有珊瑚礁，便于设置航标，并且气候温和，每年可保证365天的正常作业。另外，亚丁港是一个深水港，自东部和南部绵延500米的高山使其免受冬季季风的侵扰，自南部和西部绵延350米的高山又使其免遭夏季狂风的破坏。

亚丁市人口约40万，全市由克雷特（老亚丁）、霍尔穆克萨尔、小亚丁和人民城等7个区组成。克雷特区的沙姆桑山与对面小亚丁的白立格山峰峦对峙，形成一个近似椭圆形的海湾。为了发展旅游业，在霍尔穆克萨尔区附近辟有人工岛休养地，岛上建有别墅式花园房舍，宏伟壮观金色海岸旅馆格外引人注目。

不可不说的是据中国古籍记载，公元15世纪初，明朝的三保太监郑和率领的船队，曾经3次访问亚丁（当时称阿丹），这说明中国人民同亚丁城交往的历史是十分久远的。

桑加奈布礁灯塔

世界火炉

苏丹港

苏丹港享有丰富的旅游资源，旅行者可以享受到清新的海湾和珊瑚礁，还能体验——划船、划水、潜水、水下摄影等许多旅游项目。

苏丹最大的特点是气候炙热，在陆地上滴水不存，寸草不生，但一旦靠近苏丹港，温度下降好多，凉风习习，人少车少，空气干净，可以尝试在海边散步，非常惬意。

若是喜欢浮潜和下海看动物，可先去距离苏丹港大约 28 千米的桑加尼布，每月的月初和月末有船出海，但是需要办理出海证。桑加尼布珊瑚礁上有一个著名灯塔，灯塔的存在也给珊瑚礁提供了保护。

苏丹人热情好客，注重礼节。友人相遇，彼此握手拥抱，亲切问候。从个人问好一直到对方的家属、亲戚和朋友等，会经历数分钟之久。苏丹阿拉伯妇女在遇到陌生人时，会用包在头上的披巾遮一下面，以示礼貌的习俗。他们非常喜欢白颜色，视白色为光明、幸福的象征，并以其代表纯洁和坦率。

苏丹港散装码头

苏丹港于 1906—1909 年建港，是苏丹唯一海港，也是红海省首府，地处红海西岸。主要承担苏丹 95% 的出口和 90% 的进口运输任务。码头线总长 2446 米，码头上均有铁路相连。东岸是杂货、集装箱、客运等码头区，总计 10 个泊位，南岸即第 15 ~ 18 号泊位为谷物、石油、煤炭等散货码头区全港年吞吐量为 400 万吨左右，进口粮食、石油、煤、食糖、工业品、百货等，出口阿拉伯树胶、棉花、芝麻、花生等农土特产品。

在苏丹，贝贾族女性地位和威信高于男性。如个人或家庭之间发生斗殴，只要有成年妇女走上前去席地而坐，并摘下头巾，斗殴的双方就会自动放下武器终止斗殴。

[苏丹港特色景色]

苏丹港的桑加奈布礁灯塔位于苏丹港入口东北部约 25 千米的桑加奈布礁上，灯塔始建于 1906 年。如今的灯塔为混凝土结构，塔高 50 米，灯高 50 米。

苏丹港总体设施还是比较落后，停靠的大船不是很多，图上为我国中港公司援建的散装码头。

Oceania Articles

5 大洋洲篇

[悉尼海港大桥]

错过将成为遗憾的地方

悉尼港

悉尼位于澳大利亚东南、杰克逊湾内，是澳大利亚的最大城市、海港和经济、交通、贸易中心。也是亚太地区主要金融中心，是世界第七大外汇交易市场，其股票交易所是亚太地区仅次于日本东京的第二大股票交易所。

悉尼港又称杰克逊港，东临太平洋，是澳大利亚进口物资的主要集散地，港湾总面积为55平方千米，口小湾大，是世界上著名的天然良港。

悉尼可以称得上是最适合于游乐的地方，凡是来过澳大利亚的人都知道，到了悉尼才算真正到过澳大利亚；到过悉尼港，才算真正了解悉尼。

悉尼大桥

在悉尼港，有一座号称世界第一单孔拱桥的宏伟大桥，这就是著名的悉尼海港大桥。悉尼海港大桥像一道横贯海湾的长虹，巍峨俊秀，气势磅礴，与举世闻名的悉尼歌剧院隔海相望，成为悉尼的象征。

到达悉尼，最先映入眼帘的就是这座全世界最宽的大铁桥。在斜阳的金晖中，拱桥映衬着变幻的夕阳，海面上的桥影刚刚褪淡，立刻有闪亮起斑斓的光带。大桥钢架、栏杆上的璀璨的千万盏灯光，仪态万千；再衬上波平如镜的海湾中五颜六色的霓虹灯倒影，平添几分神秘。人们将歌剧院和大桥连成一体欣赏时，构成了一幅反差强烈又协调一体的美丽图画，相映成趣。

悉尼海港国家公园

悉尼海港国家公园吸纳了具有历史意义的丹尼森堡和小山羊岛。南北两角的悬崖峭壁，犹如两位巨大的哨兵屹立于海港的入口。这个耀眼的海港位于悉尼的心脏地带，具有深绿色的海水、标志性的海港大桥和悉尼歌剧院。

悉尼海港国家公园内的海滩有尼新园海滩，沉积海滩、礁石海滩以及距曼利不远的多布罗德角以北的许多海滩。在悉尼海港国家公园里还经常能看见海豚和鲸鱼到访，为城市居民和游客带来了无限乐趣。海湾周围有

除了悉尼海港公园之外，悉尼皇家植物园紧靠悉尼港，这里原是英国殖民者在澳洲开发的第一个农场，1816 年在时任澳洲总督的麦考利主持下兴建。园中主要建筑和设施有宫廷花园、棕榈园、蕨类植物区、第一农场、低地园、展览温室、南威尔士国家标本馆等。

[悉尼港国家公园]

悉尼海港国家公园始建于 1975 年，自诞生以来一直不断发展。这个耀眼的海港位于悉尼的心脏地带，具有深绿色的海水和标志性的海港大桥和悉尼歌剧院，它是如此闻名于世，以至于许多游客（甚至悉尼人）都没有意识到它也是一座国家公园。

［丹尼森堡］

野地、林地和桉树林，都有步行径相连，便于寻访。步行径包括在北角只有 1 千米长的费尔法克斯步行径、始于塔隆卡动物园码头的百利头和海鲜角步行径及较具挑战性的曼利到斯比特步行径。

微缩碉堡——丹尼森堡

悉尼港内有一座小得不能再小的岛屿，岛上有一座缩微模型一样的“碉堡”——丹尼森堡，它是与麦夸里夫人角隔海相望的一个小防御岛，最初用来隔离犯人。堡垒建于克里米亚战争期间，据说因担心俄国人入侵而建。很久以前，所有被押送到悉尼的罪犯，在登岸之前，都要在这里羁留一段时间，如今已变成拍摄港湾和地平线的最佳地方。

悉尼情人港是悉尼的著名地标，情人港周围汇聚了购物、餐饮场所、海事博物馆、悉尼会展中心、IMAX 电影院、多家水岸餐厅酒吧、水族馆和野生动物馆等一系列休闲娱乐场所。

悉尼歌剧院

悉尼歌剧院是澳大利亚全国表演艺术中心，耸立在贝尼朗岬角上，紧靠着悉尼海港大桥，三面环海，南端与政府大厦遥遥相望。悉尼歌剧院的建筑造型新颖奇特，雄伟瑰丽，外形犹如一组扬帆出海的船队，与周围海上景色浑然一体，成为悉尼的标志。

整个歌剧院分为三个部分：歌剧厅、音乐厅和贝尼朗餐厅。歌剧厅、音乐厅及休息厅建在巨型花岗岩石基

[悉尼歌剧院]

歌剧厅可容纳 1547 名观众，内部陈设新颖、华丽、考究。舞台配有两幅法国织造的毛料华丽幕布。舞台灯光由计算机控制。还装有闭路电视，音乐厅装潢华丽，有 2690 个席位。

座上，各由 4 块巍峨的大壳顶组成。这些“贝壳”依次排列，前三个一个盖着一个，最后一个背向海湾侍立。在阳光照映下，像两艘巨型白色帆船漂浮在海面上。

歌剧院演出频繁，除圣诞节和耶稣受难日外，每天开放 16 小时，平均有 10 个不同的活动项目，可同时容纳 7000 余人。歌剧院已成为悉尼最热闹的场所，旅游者从早到晚络绎不绝。

特色鱼市场

悉尼鱼市场创建于 1945 年，是南半球最大的同类市场，每天多达 100 种海鲜上市。除了海鲜，这里还供应各类蔬菜、水果、面包和寿司，酒吧、餐馆和美味的熟食店比比皆是，是旅游者到悉尼的必来之地。

[悉尼鱼市场]

国际化的海港

墨尔本港

墨尔本港是受上帝眷顾的地方，匆匆一瞥之下，这里给人的印象是一个阳光海湾郊区，现代建筑在阳光的照耀下熠熠生辉；近看就会发现那些经过翻修的工人房舍，充分展现了墨尔本独特的历史和风格。

联邦广场

墨尔本港位于澳大利亚东南部维多利亚州南部沿海的亚拉河口的墨尔本市，在菲利普港湾北侧的霍布森斯湾内，是澳大利亚最大的现代化港口，也是澳大利亚东南地区羊毛、肉类、水果及谷物的输出港，也是重要的国际贸易港口。该港有四大国际集装箱码头：（1）斯旺松码头；（2）维布码头；（3）维多利亚码头；（4）阿普尔通码头，另外还有一个专门处理经加工的石油产品的荷顿码头。

墨尔本的历史要从1851年开始讲起，由于在墨尔本发现了金矿，大量的人从世界各地前来墨尔本淘金，使墨尔本的人口迅速增长，并逐渐成为一个富有的大城市。根据历史记载，在1836年，墨尔本的人口只有177人，在1851年，人口是29000人，到1854年，已经达到123000人，这使藏金极富的美国旧金山（三藩市）都黯然失色，故墨尔本又被华人称为新金山，清朝末年的外交官李圭在《东行日记》中就提到了在中国以外的两个海外华人聚居城市，也就是“两个金山”（美国三藩市和澳大利亚墨尔本），并称要“以新旧别之”。

城市标志——联邦广场

联邦广场是墨尔本的中心地标。它是一个以市民广场为中心的建筑群，位置处于十字路口的一角，其他三个角分别是扬与杰克逊酒吧、弗林德斯火车站和圣保罗大教堂。

联邦广场的建筑风格属于抽象，前卫的超现实主义风格，被称为是 21 世纪的建筑，建筑群内除了有维多利亚国立美术馆新馆、澳大利亚动态图像中心 、BMW 剧场与一些餐厅、商店、酒吧外，最主要的机构是移民组成的多元文化电视台与广播电台。联邦广场的对面是圣保罗大教堂，这是一个新哥特式的雄伟建筑，据说教皇约翰·保罗二世曾在这里祈祷过。圣保罗大教堂的对面是扬与杰克逊酒吧，该酒吧外的牌子上写着“Princes Bridge Hotel”，这里需要注意在澳大利亚等英语国家，标有 Hotel 的房子，往往都是楼下酒吧楼上宾馆的房子，我们概念中的宾馆酒店，招牌上基本不会出现“Hotel”字样，比如威斯汀就标 Westin，喜来登就标 Sheraton，不会缀上“Hotel”的。酒吧的对面是弗林德斯火车站，它是一幢相当有特色的法国文艺复兴风格的建筑，赭黄

圣保罗大教堂

弗林德斯火车站

[联邦广场及周边建筑]

[扬与杰克逊酒吧]

色的墙面在阳光照射下令人过目不忘。百年来，它始终是墨尔本的经典地标。

维多利亚女王市场及中国城

墨本尔的维多利亚女王市场是澳洲最大的、最受欢迎的集贸市场，面积约7公顷，有近千个摊位，主要销售食品与百货。

室内大厅中销售的多数是牛、羊肉以及面包、香肠制品，通常摊主会将食品进行分类销售，他们相信一分钱一分货，所以顾客在购买时，就不必再讨价还价了。室外走廊中出售有水果、蔬菜及工艺品等货品。旁边街头，浓密的树荫下摆放着圆桌和座椅，到此购物的人们逛累了便可以坐下来休息，一边品尝着刚刚采购来的食品，一边欣赏街头艺人的表演。

路过城市街角处的老房子，看到有着历史年轮的门墙上，常会有一块黑板，上面用粉笔写着菜谱。有时，还隐约听到里面传来的歌声，总觉得到了老鹰乐队的《加州旅馆(Hotel California》。“天花板上的镜子，冰上粉红色的香槟”，扬与杰克逊酒吧的2楼，还有一位法国美女克洛伊 。

很多人知道的克洛伊是一个法国时尚品牌，而最早出名的克洛伊是这幅世界名画。1880年，她从法国到墨尔本参加世博会后，就留了下来。

[维多利亚女王市场]

[唐人街]

第一批定居此地的中国移民也是为了淘金潮而来，最早出现于 1850 年间。中国城内有一幢 3 层高的标志性石砌建筑，聚集了各式中餐馆、小商品店和中医医疗中心。每年墨尔本中国城还会举行世界上最大的划龙舟比赛。

从维多利亚女王市场出来，大约步行 30 分钟，就到了墨尔本著名的中国城。中国城坐落在小伯克街，紧邻墨尔本最繁华的斯旺森大街，街口竖立着一个极具中国特色的牌楼。自 19 世纪 50 年代“淘金热”以来，大批的华工就一直居住在这条喧闹的小街上。小街不宽，并排只能通过两辆轿车，沿街多是一些餐厅、百货店、小型超市以及华人律师楼。来到这里，看到满眼的中国招牌，让人一点儿也不觉得已经来到了远在万里之遥的海外。

墨尔本是一个各国移民聚集的城市。在这里可以品尝到来自全球的美食，不管是唐人街的中餐、意大利的披萨，还是日本料理，这里都能满足食客的不同口味。墨尔本靠近海边，每天在港口都有新鲜的海鲜打捞上岸，由于没什么污染，水质优良，捕获的海鲜大都个头十足，肉质鲜美，其中尤以澳洲大龙虾为佼佼者，来到墨尔本就敞开肚皮尽情吃吧。

墨尔本就是一个大棋盘，主要的街道方方正正的。只要心里有个棋盘的格局，看着蓝色的路标基本不可能会走失。

舌尖上的海港

惠灵顿港

惠灵顿因地势较高，依山傍海紧靠库克海峡，故常有海风侵袭，因而又有“风都”之称。

惠灵顿位于新西兰北岛的最南端，扼库克海峡咽喉，三面青山环绕，一面临海，怀抱着尼科尔逊港。整个城市满目苍翠，空气清新，四季如春。惠灵顿地处断层地带，除临海有一片平地外，整个城市依山建筑。惠灵顿港是新西兰的主要港口往来南北二岛的交通枢纽及世界最佳深水港之一。

最初，英国人称惠灵顿为“不列颠利亚”，意思是“英国的地方”，后来逐步扩建城镇才发展到今天的规模。

帆船美地——皇后码头

紧挨着惠灵顿港的皇后码头水域深，风光明媚，港湾码头有小船、风帆、巨轮及游艇等。游客可搭乘巨轮或游艇，充分享受游船的趣味性，以及欣赏海港美丽的风光。在惠灵顿喜欢悠闲出海的市民众多，这里平均3个家庭即拥有一艘船，总共有7万艘左右的汽艇与游艇。

维多利亚山

维多利亚山（Mt Victoria）是可以俯瞰惠灵顿的好地方，也是曾经的新西兰总理办公室所在地。还是电影

[皇后码头]

《指环王》的拍摄取景地。如果不愿意爬山，可以驱车直接前往山顶。

[惠灵顿植物园（指环王剧照）]

[维多利亚山]

据传说，惠灵顿港口本是一个内陆湖，住着两只大而凶猛的塔尼法（海上怪兽）。一只怪兽开辟了一条通向大海的水道，使这个海港有了入口处。另一只名为法泰泰的试图开辟不同的路线，却因触礁身亡。据说，维多利亚山即是以法泰泰的灵魂命名的。

该园建在一座“V”字形的山岭上，占地 25 公顷，是乘坐小缆车必须经过的景点。一走进植物园就有一种被绿色植物包围的感觉，里面种植的花草种类繁多，有中国的山茶花，阿根廷的“魔鬼之手”、非洲的雪松、北美的鹅掌楸、荷兰的郁金香及日本的樱花等，当然，还少不了新西兰本地土生土长的松柏榆柳蕨，是一座名副其实的国际化植物园。

新西兰国家博物馆

新西兰国家博物馆（Museum of New Zealand）是南半球最大博物馆，地处市中心，创建于 1963 年。里面关于毛利文化的藏品丰富，还有毛利会堂以及太平洋的艺术展品。值得一提的是，在这座高度现代化的博物馆里，里面的高科技展览给人留下深刻的印象，如可以体验在运动中摇晃的房子。除了这些常设展览，这里还会举办一些知名的短期展览，这些展览是需要单独付费的，而参观博物馆是免费的。

[国家博物馆]

新西兰国家博物馆是南半球最大的博物馆，是新西兰唯一由政府管理的博物馆。

惠灵顿国会大厦

惠灵顿国会大厦是惠灵顿非常有名的建筑群，由三栋建筑组成，分别是哥特风格的国会图书馆、灰奶油色

[惠灵顿国会大厦]

惠灵顿国会大厦于 1876 年修建，是一座别具特色的蜂窝式建筑物，也是南太平洋最宏伟的木结构建筑之一。

庄严的议政厅及最夺人眼球蜂窝式设计的办公大楼。截然不同的建筑风格使得这三个建筑既互相独立又形成了一个有趣的整体。而其中由英国建筑大师 Basil Spence 爵士设计的圆形办公大楼更是成了新西兰的标志性建筑，也成为惠灵顿不可错过的一个景点。国会大厦面向公众开放，还会有专人讲解，游客甚至能进到部分办公区域进行参观游览。

圣保罗大教堂

教堂位于新西兰首都惠灵顿市中心以北，建于 1864 年，是曾经的新西兰和波利尼西亚英国国教教堂在惠灵顿教区的主教堂。新西兰当地的木材是教堂的主要建材。

[圣保罗大教堂]

老圣保罗大教堂除周日外都可参观教堂内部，并不再做教区教堂了，但是因为其根深蒂固的历史背景而使得这座教堂依然神圣。现在，游客将这里视为景点，而当地居民在出殡、婚礼时也会聚集在这里举办仪式。

该教堂是典型的 19 世纪哥特复兴式建筑，无论从建筑材质还是风格上都很符合当时的殖民背景。建筑物虽不大，但其拱形的廊柱、祭坛、彩色玻璃都给人单纯而质朴的美感，有一种独特的气氛。教堂还设有巨大的彩色玻璃窗，阳光透过玻璃射入室内，使得教堂内部看上去异常神秘。教堂的屋顶设计很像被翻转过来的伊丽莎白女王大型帆船的船体。在 1964 年新教堂建成后，旧教堂改由国家管理并对公众开放。